Die 13 Hexenregeln

1. Tue was du willst, wenn's Keinem schadet
2. Sei immer ehrlich, auch zu dir selbst
3. Beherrsche deine Hexenkunst
4. Lerne dein Leben lang & sei neugierig auf Neues
5. Verwende dein Wissen weise
6. Finde deine innere Mitte & lebe dies Gleichgewicht
7. Achte die Kraft der Worte - unterschätze sie nie
8. Lerne Konzentration
9. Lerne Kontemplation - Meditiere!
10. Achte auf deine Gesundheit
11. Akzeptiere deine Umwelt
12. Ehre die Kraft der Natur
13. Und lebe mit ihr im Einklang!

Bibliografische Information der Deutschen Nationalbibliothek: Die Deutsche Nationalbibliothek verzeichnet diese Publikation in der Deutschen Nationalbibliografie; detaillierte bibliografische Daten sind über dnb.d-nb.de abrufbar.

Die Erzähler von „Sagenhafter Harz"

Carsten Kiehne gehört seit vielen Jahren zu den renommiertesten Kennern der Harzer Sagenwelt. Als Autor und Herausgeber vieler Bücher wie „Die bekanntesten Sagen aus dem Ostharz & ihre geheime Bedeutung", „Mythen, Sagen und Märchen um und über Thale", „Kräutersagen aus dem Harz", „Sagenhaftes Glück" & „Sagenhafte Sagensammler" sowie TV- Auftritten wie in der MDR Produktion „Wie die Roßtrappe und Bode ihren Namen bekamen" ist er überregional bekannt. Als Initiator der Interessensinitiative „Sagenhafter Harz" gibt er Workshops und Führungen zum Thema im gesamten Harz.

(Dipl.Soz.Päd., Autor, Sagenerzähler, Wanderführer, Reiki-Meister, Meditations-lehrer > www.sagenhafter-harz.com)

Maria-Kathleen Zorn fasziniert seit Jahren Groß & Klein als Märchenerzählerin. Beim Erzählen liebt sie das Strahlen in den Augen ihrer Zuhörer. Besonders wichtig ist ihr das gemeinsame Reflektieren der Geschichten im Anschluss an die Märchenstunden, da man sich über die Symbolsprache der Märchen & die darin wohnenden, tiefen Heilbilder, durch Gespräche, Rollenspiele oder Traumreisen, selbst erfahren kann.

(Sozialpädagogin B.A., Märchentherapeutin, Märchenerzählerin, Maltherapeutin für LOM, Reiki-Meisterin > www.goldmaria.de)

Manuela Petri begeistert mit ihrem „Glückstraining", ganz gleich, ob in privaten Wanderführungen, im Rahmen vom Schulunterricht oder als Workshop in renommierten Kliniken. Sie liebt das Licht & den Schatten & zeigt gerade durch die Annahme ungeliebter Anteile, wie es uns gelingt, diese heilsam & ganzheitlich zu integrieren. Als Co-Autorin des Buches „Sagenhaftes Glück" zeigt sie mittels diverser Achtsamkeitsübungen auf, wie wir uns in die Natur einfühlen, dabei die eigene Natürlichkeit entdecken & die Schönheit des Lebens begreifen können!

(Glückstrainerin, Mediengestalterin, Tischlerin, Reiki-Meisterin a.d.W. & Entspannungstrainerin i.A. > manupetri@web.de)

Impressum

Texte & Titelbild	© Copyright by Carsten Kiehne & Maria-Kathleen Zorn
Fotos:	© Copyright by Carsten Kiehne
Bild- & Coverbearbeitung:	© Copyright by Manuela Petri
Herstellung & Verlag:	BoD, Books on Demand, Norderstedt
Satz, Layout & Verlag:	Selbstverlag SAGENHAFTER HARZ
	www.sagenhafter-harz.com & carsten.kiehne@gmx.net

Erstveröffentlichung & ISBN: September 2020, 978-3-751997874

Vom sagenhaften Inhalt

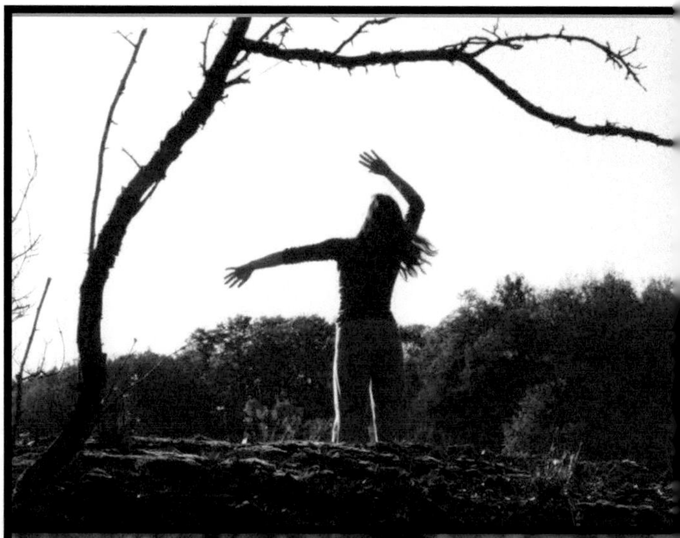

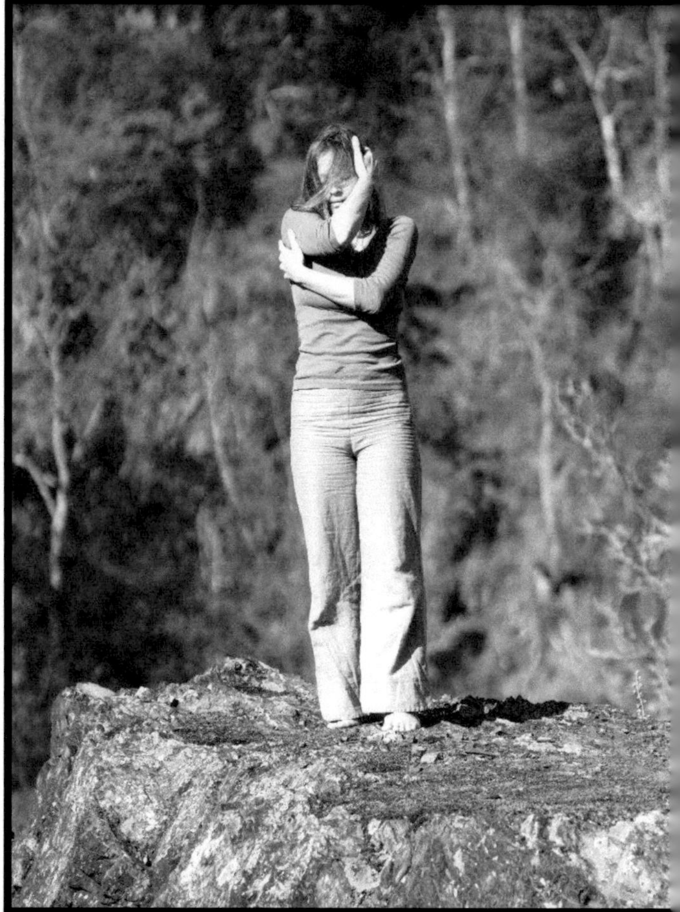

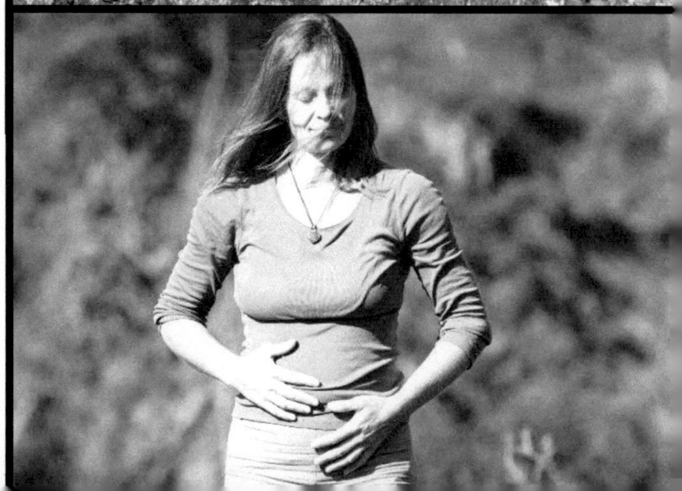

Aus dem Foto-Shooting „Die mit dem Wind tanzt"
von Vinzenz Vulprecht (0176 / 87843453)

Fotografie

 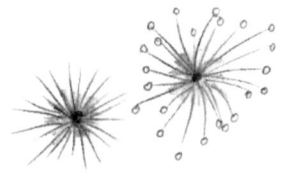
„Hex-Hex" - irgendwie verhext

Wohin wir heute auch schauen im Harz, wir begegnen den Hexen: Als lustige Mitbringsel, als ausgestopfte Puppen vor den Häusern, als Wanderausschilderung für den Harzer Hexenstieg ... und zu Walpurgis treffen sich zehntausende verkleidet im Harz, um die Hexen- & Teufelsnacht mit Tanz und Musik und Alkohol recht feuchtfröhlich zu begehen. Ganz öffentlich werben die Bodetal-Hexen für Touristenbelustigung, Kräuterhexen für ihre wissensvermittelnden Workshops und Hexenorden (Wicca-Treffen) für Nachwuchs. Heilpraktikerinnen rufen dazu auf, in Seminaren die Kraft der Weiblichkeit" wieder zu entdecken. Sinnlicher Tanz, Tantra und Kuscheltreffen gehören zu den öffentlichen Angeboten. Und auch bei den Kleinen feiert, vor allem im Fernsehen, die Zauberei nicht zuletzt mit „Harry Potter" & „Bibi & Tina" (u.a. hier im Harz

gedreht) ein spektakuläres Reframing, eine Umdeutung des einst negativen, gefürchteten Rufes „Hexe sein" ist plötzlich absolut angesagt und total cool!

„Wow!", denke ich immer wieder & mache mir bewusst, dass das noch vor wenigen hundert Jahren undenkbar gewesen wäre. Niemand hätte sich freiwillig als Hexe verkleidet, sich selbst so bezeichnet oder wäre auf die Idee gekommen, zur Walpurgisnacht esoterisch/energetische Rituale im Wald abzuhalten. Schon allein die Hexenpflanzen, wie Fliegenpilze, Heilkräuter oder Wieden mied „Frau" tunlichst & war gut damit beraten.

Selbst wir als Sagen- & Märchenerzähler – jene Narren, die die gesellschaftliche Ordnung mit Witz & Geschichte hinterfragen – hätten vermutlich noch im 17. Jahrhundert auf dem Scheiterhaufen gestanden. Die Hexenverfolgung, mit Folter, anschließendem Prozess und Mord, die ihren Höhepunkt zwischen 1550 und 1650 fanden, kosteten in Europa 60.000 Menschen (über 25.000 davon in deutschsprachigen Landen), zumeist Frauen, das Leben. Die Gründe, weshalb die Angst vor den Zauberweibern wütete und die Obrigkeit diese noch schürten, sind vielfältig und für aufgeklärte Menschen kaum verständlich. Den unschuldig Gequälten und Getöteten, sowie den betroffenen Familien, gilt unser ganzes Mitgefühl!

Unsere Mitfreude gilt der Zeit, in der Frauen stark sein und authentisch leben dürfen, in der die freie Meinung gefragt ist und die Dinge hinterfragt werden sollen. Ein Hoch also auf die selbstbewusste Frau, die es sich hart erarbeiten musste, ihre Rechte wieder einzufordern – wir wollen z.B. daran erinnern, dass Frauen bis zum Anfang des 20. Jahrhunderts nicht einmal studieren durften, da „Mann" annahm, durch eine Weiterentwicklung des weiblichen Gehirns, würde sich die Gebärmutter zurück entwickeln. *Mit dieser Ausgabe danken wir* all jenen starken und weisen Frauen, die sich trotz aller Herausforderungen, mit Engagement und Herz zum Wohle aller Wesen einsetzen! Einige dieser „Hexen" durften wir interviewen & für euch portraitieren! ☺

*Jetzt aber viel Spaß & sagenhaft schöne Stunden mit unserer Ausgabe „Hexenzauber",
deine Maria-Kathleen, deine Manuela & dein Carsten*

Auswahl öffentlicher Termine

Tag	Zeit	Veranstaltungsname	Preis
1.Dienstag im Monat	19:00-20:30	**Ab Oktober: Sagenhaftes Glück,** Märchenabend im Clubraum, Paracelsus-Harzklinik in Bad Suderode	Spende
2.-4. Dienstag im Monat	18:30-20:30	**Ab Oktober: Sagenhafte Abendwanderungen** Paracelsus-Harzklinik in Bad Suderode	Spende
18.09.	19:30-21:00	**Sagenhaftes Glück,** Bibliothek, Teufelsbad Fachklinik Blankenburg, nur mit Anmeldung	Spende
02.10.	19:30-21:00	**Sagenhaftes Blankenburg,** Bibliothek, Teufelsbad Fachklinik Blankenburg, nur mit Anmeldung	Spende
03.10.	18:00-22:00	**Kurzvorträge „Bäume – heilig & heilsam" & „Kräutersagen** Blankenburger Schloss	Spende
24.10.	14:00-17:00	**Wunderung: Alltagsmagie an den Gegensteinen** Treffpunkt: Parkplatz kleiner Gegenstein, nur mit Anmeldung	35,-
30.10.	19:30-21:00	**Sagenhaftes Glück,** Bibliothek, Teufelsbad Fachklinik Blankenburg, nur mit Anmeldung	Spende
30.10.-01.11.	siehe Internetseite	**Einjährige Ausbildung „zum Sagen- & Märchenerzähler",** Grünstr. 20 Bad Suderode (8 Wochenenden)	2.400,- pP
07.11.-08.11.	siehe Internetseite	**Erlebe die Kraftorte von Hexentanzplatz, Bodetal & Rosstrapp;** Treffpunkt: Thale Bahnhof	190,- pP
...	...	*Freut euch auf mehr ...*	

5

Natürlich gibt es weit mehr öffentliche Termine & Führungen zu sagenumwobenen Orten, mit Bergmönch, Raubritter, Druide, Teufel oder Hexe (rechts auf dem Bild, bereit dazu, deine Sinne achtsam zu erweitern oder dich zu verzaubern), die erst im Laufe der nächsten Monate hinzugefügt werden. Wir bitten um Verständnis: Die meisten Veranstaltungen lassen nur eine begrenzte Teilnehmerzahl zu. Wer sich zuerst verbindlich anmeldet, bekommt den Platz!" (Verbindlich angemeldet ist jene Person, deren Teilnehmerbeitrag eingegangen ist)

Lust auf eine individuelle Führung?

Selbstverständlich kannst du uns gerne für dein Event (Geburtstag, Hochzeit oder ein etwaiges Jubiläum) buchen! Frag' einfach an: Für Gruppen von 5-105 Jahren erstellen wir dir gerne individuelle Führungen oder Erzähl-Veranstaltungen! (Preise je nach Vereinbarung) carsten.kiehne@gmx.net

Sagenerzähler Carsten als Martin Luther in Wippra

Vergangenes & Neuigkeiten

Einblick in eine W U N D E R U N G

K ann man eigentlich spazieren gehen & sich dabei selbst entdecken? Kann man an einem altbekannten Ort unterwegs sein & sich trotzdem wundern, dass man so viel Neues sieht & erfährt?

Auf einer W U N D E R U N G mit der Hagedise (Hexe) & Glückstrainerin Manuela Petri ganz sicherlich! 😊 Einfühlsam bereitet sie die Gruppe vor, auf welch einem wichtigen Kraftplatz wir unterwegs sein werden &, dass es vielmehr darum geht, sich auf der Tour selbst näher zu kommen, als ein Wanderziel zu erreichen. So geht es von Beginn an darum, seinen eigenen Stärken auf die Spur zu kommen & seine Wünsche vor dem kleinen Gegenstein (Ken- oder Verkündigungsstein) zu bekräftigen. Welch bedeutsame Rolle hier das Ritual, die Gruppe & der exakte Platz machen, erläutert sie & lässt es die Freiwilligen erfahren. Dabei geht sie nicht nur auf die Bedeutung von Teufel & Hexe, deren Namensherleitung ein, sondern erklärt, wie wir diesen Naturkräften, die auch in uns wohnen, näherkommen können, z.B. durch Achtsamkeitsübungen, Qigong, oder aber die Heilkräuter, die zu unseren Füßen stehen. Um diese Kräuter gibt es einige Geheimnisse, die eine wahre Hexe aufzudecken hat, will sie sich selbst reinigen, heilen & damit Gutes tun. Ich höre nicht nur esoterische Ideen, sondern auch wissenschaftliche Erkenntnisse, die mich staunen lassen!

Unterwegs gibt es immer wieder erlebte Geschichten von Manuela aber auch einige der von mir gesammelten Sagen der Gegensteine, auf deren tieferen Sinn die Glückstrainerin eingeht & verdeutlicht, wie das Erzählte uns auch heute noch helfen kann, unser eigenes Glück zu schmieden. Am Ende fühlt sich jede Teilnehmerin/ jeder Teilnehmer gleich mehrfach beschenkt: Von der gezogenen Rune & ihrer Bedeutung für die eigene persönliche Lebensfrage, ein liebevoll für jeden „Mitwunderer" vorgefertigtes Geschenk zum Baumhoroskop & nicht zuletzt dem Schatz, den ein Jeder aus der Phantasiereise am Gegenstein entdeckte. .... Oh, ich freue mich auf die nächste Tour!

Kraftplatzwandern & Waldbaden

H ast du schon einmal die belebende Kraft der Natur am eigenen Leib gespürt? Es scheint absolut „In" zu sein, achtsam zu pilgern, ein „Waldbad" zu nehmen & Kraftorte zu erspüren. Dass das kein neuer Zauber ist, sondern unsere Vorfahren schon vor tausenden von Jahren zu besonderen Plätzen – oft Teufels- & Hexenorte – gingen, um sich hier den Göttern nahe zu fühlen, berichten uns alte Sagen. Eine wichtige Rolle spielen dafür die Bäume, die von unseren Ahnen nicht als Holzlieferanten, sondern als Freunde & Ratgeber angesehen wurden.

Dir fiel es bisher schwer, diese Kräfte wahrzunehmen? Dann sind unsere neuen Workshops goldrichtig für dich! Mit kleinen, jahrelang erprobten Achtsamkeitsübungen & Kurzmeditationen in der Natur, die zu einer tieferen Betrachtung der Sagen & Märchen einladen, wollen wir auf alten Pfaden wandeln & den Geheimnissen der Thalenser Kraftplätze auf die Spur kommen!

Das nächste Mal treffen wir uns am 07. & 08. November, jeweils 09:00 Uhr am Bahnhof Thale, um von dort aus durch „heilige Hallen" zu pilgern & uns in luftigen Höhen beleben & inspirieren zu lassen.

Teilnehmergebühr: 190,- inkl. dem Thalenser Sagenbuch. Anmeldung erbeten, nur noch 4 freie Plätze

Harz'liche Grüße, dein Carsten

Carsten Kiehne   carsten.kiehne@gmx.net - 0160/99557252   www.sagenhafter-harz.com

Interview:
mit der Heilerin Andrea Kaiser

Was ist deine Gabe, mit der du die Menschen, die Wesen & die Welt berührst?

Meine Gabe ist wohl mein Mitgefühl & die Verbundenheit in Liebe, die ich zu allen Wesen spüre. Auch meine Natur-Faszination würde ich als Gabe bezeichnen.

Wann hast du den Zauber zuerst wahrgenommen? Gibt's den Schlüsselmoment?

Ich wollte schon immer „heilen" ohne zu schaden, dass ist mir so richtig während meines Medizinstudiums bewusst geworden. Ich bin atheistisch erzogen worden und habe schon sehr früh nach dem Sinn des Lebens gefragt! Schlüsselmomente waren enorme Herzenswärme beim Hinterfragen, was Gott für mich ist und in Meditationen, das Symbol der Maria mit dem Kind als Ausdruck reinster Nächstenliebe.

Durch astrologische Beratungen und Reinkarnationstherapien erfuhr ich von einem schamanischen Vorleben.

Wie stärkst du täglich deine Gabe?

Durch innere Einkehr üben, Aufenthalt in der Natur, durch Hinterfragen von Allem, aber auch Annehmenkönnen und das Beste erwarten. Ich lebe im Gottvertrauen leben, beschäftige mich mit dem Wissen und Können anderer Heiler, mit Hildegard von Bingen, bis über Paracelsus, zu derzeit vornehmlich Dr. Joe Dispenza, der enorme Heilungserfolge vorweisen kann, sowie dem Schamanen Alberto Villoldo.

Wie lebst du deine Gabe im Alltag - innerlich für dich & äußerlich für dein Umfeld?

In einem Verbundenheitsgefühl überlasse ich Jedem seine Verantwortung, bemühe mich, immer klar und aufrichtig meinen eigenen Standpunkt aus meiner Bewusstheit heraus zu vertreten. Der Geist formt Materie, dies ist in vielen Experimenten bewiesen. Ich meditiere viel, bemühe mich, mich gesund zu ernähren.

Ist das Heilen dein Hauptberuf?

Als Ärztin, Heilerin, Freundin, Mutter und als Oma bin ich hauptberuflich tätig, aber heute, würde ich die Heilerin an erste Stelle setzen! ☺

Hast du ein „magisches" Motto?

In Liebe annehmen und im Vertrauen loslassen, dass immer das Beste geschieht.

7

Was möchtest du dem Leser noch sagen?

Ich wünsche mir, dass es bald leere Krankenhäuser gibt, wenn sich die Menschen immer mehr ihrer Eigenverantwortung bewusst werden. Jegliches Geschehen mit und um uns hat etwas mit uns selbst zu tun. Es gibt geistige Gesetze, die das genauer erörtern. Jede Heilung ist eine Selbstheilung durch Bewusstseinsveränderung. Alles ist möglich, denn der „Glauben versetzt Berge".

Ich bin keine Hexe. Hexen haben meines Erachtens etwas mit schwarzer Magie zu tun und haben sich selbst über Gott gestellt. Wenn sogenannte, weiße Frauen etwas Wundersames bewirkten, was zu seinerzeit nicht erklärbar war, wurden sie in diese Schienen gedrückt und verbrannt. Der Geist formt Materie. Angst entsteht im Kopf. Wenn wir uns dessen bewusst sind, können wir Wunder bewirken aber zum Besten des Ganzen!

„Religiöse Orte im Harz" - ein Interview von C. Röther vom Deutschlandfunk Kultur

Der Harz steckt voller Religion. Ortsnamen wie Hexenaltar deuten auf vorchristliche Riten hin. Der Harz, das sind dunkle Wälder, tiefe Täler & imposante Felsen. Doch die vermeintlich urwüchsige Natur trügt: Kaum ein Waldstück, das nicht gerodet & wieder aufgeforstet wurde. Grund dafür ist der Bergbau, der hier schon seit mehreren Tausend Jahren betrieben wird. Drum herum & mittendrin: beeindruckende Kirchen & Klöster. Doch auch der christliche Schein kann trügen, kennt der Harz doch bis heute unzählige Mythen & Sagen von Hexen. Carsten Kiehne erläutert: „Um einen Vergleich mit anderen Gegenden zu ziehen: Wenn wir uns Berlin nehmen, ich kenne aus Berlin circa 60 Sagen. Das kleine Dörfchen Thale hat 150 Sagen."

Ein Gebirge voller Sagen

Thale im nordöstlichen Harz ist bekannt für seinen Hexentanzplatz. Kiehne lebt ganz in der Nähe. Er sammelt Sagen & erzählt sie weiter. Mit seinem Projektteam „Sagenhafter Harz" hat er schon mehr als 20 Bücher veröffentlicht. „Wir gehen in jeden einzelnen Ort im Harz. Wir sprechen mit jedem Heimatverein & tragen zusammen, was wir da bekommen können. Mittlerweile könnte ich aus dem Stegreif circa 2200 Sagen, Anekdoten, Mythen, Märchen aus dem Harz erzählen."

Schon seit 7000 Jahren besiedelt

Warum ranken sich so viele Geschichten um das Mittelgebirge? Für Kiehne ist eine Erklärung, dass Menschen hier schon vergleichsweise lange leben: „Es gibt natürlich archäologische Gesichtspunkte, die ganz klar nachweisen können, dass der Harz seit circa 7000 Jahren besiedelt ist, kulturhistorisch, nicht nur für die Jagd, sondern auch für gewisse rituelle Festlichkeiten im Jahreslauf. Es ist natürlich: Je länger Menschen an einem Ort ansässig sind, umso mehr wird von diesem Ort eben auch erzählt."

Alte Kultplätze wurden umbenannt

Die uralten Feste & Bräuche prägen den Harz bis heute, meint der Sagensammler. Das habe auch die Christianisierung kaum ändern können, die hier vor mehr als 1200 Jahren begann. - „Die Gegend war nicht unbedingt friedlich missioniert worden. Da haben sich damals die Heiden – ob wir sie heute Germanen oder Kelten nennen – in die Berge zurückgezogen. Fürwahr gibt es alte Kultplätze, von denen wir wissen, dass es Kultplätze waren, & die oftmals heute noch so benannt sind: Teufelsmauer, Teufelsstuhl, Teufelswaschbecken, Hexenaltar oder Hexentanzplatz." - Was den sogenannten Heiden heilige Orte waren, wurde christlich umgedeutet & trägt seither „Teufel" oder „Hexe" im Namen. „Von diesen Orten gibt es besonders viele Sagen", erzählt Kiehne im Dorf Hohegeiß.

Die Mönche kamen mit dem Schwert

In Hohegeiß hat Kiehne als Treffpunkt die Kirche vorgeschlagen. Die heißt „Zur Himmelspforte". Das passe gut, meint Carsten Kiehne, weil man hier so einen weiten Blick ins Tal hat. Dieser Blick hätte die Menschen wohl auch schon bewegt, bevor es hier Kirchen gab: „Diese Gegend war erfüllt von dem Hohen Geist", sagt Kiehne. Er glaube, dass Hohegeiß ein vorchristlicher Kultplatz war. Daran erinnere der Ortsname. Das Dorfwappen deutet „Geiß" zwar als Geißbock, doch Kiehne erkennt in dem Namen den „hohen Geist", einen nichtchristlichen Gott. Dass der hier oben verehrt worden sei, habe einem nahegelegenen Kloster allerdings nicht gepasst. Zumindest kennt Kiehne eine entsprechende Geschichte: „Die Sage sagt, dass die Mönche hier hochzogen – nicht unbedingt mit dem Kreuz, sondern mit dem Schwert – & diese Gegend ein wenig befriedet haben."

Kirche und Hexe in guter Nachbarschaft

Heute kommen Kirchen und Kultstätten gut miteinander überein, zum Beispiel an der Stabkirche in Hahnenklee zu erkennen. Hier haben sich viele nicht-christliche Motive behauptet, wie die Rune „Svastika", das Hakenkreuz oder Sonnenrad, das man auch am Opferstein auf dem Hexentanzplatz zu Thale findet. Auch die Hexe selbst ist omnipräsent und soll die Touristen anlocken. Direkt neben der Stabkirche wirbt auch das Hotel Walpurgishof mit einer buckligen Hexe. Für Kirchenvorstand Schulte ist diese Nachbarschaft kein Problem:

„Der Walpurgishof hat seine Hexe, und wir haben unser Carillon, unsere Orgel, unsere Kirche. Das ist einfach ein Brauchtum, und Brauchtum ist was Gutes. Warum soll man das nicht pflegen. Aber das heißt ja nicht, dass wir an Hexenverbrennung oder so etwas glauben. Ganz im Gegenteil: Es gibt keine Hexen."

Beschäftigung mit unsichtbaren Dingen

Carsten Kiehne dagegen meint: „Die Frage ist doch eher, was eine Hexe ist? Wenn wir Hexe nicht mit der furchtbaren Gruselgestalt aus den Märchen übersetzen würden, sondern einfach mit einer Person, die ein feineres Gespür von den Dingen hat, die in der Welt sind – heute würden wir die Hexen wahrscheinlich Pastorin nennen. Wir würden sie Heilerin, Kräuterfrau und wahrscheinlich Geburtenhelferin nennen."

Für den Sagensammler Kiehne sind Hexen also nicht bloß ein Produkt der Phantasie, sondern sie erinnern ihn an Bräuche und Vorstellungen, die wohl schon da waren, bevor das Christentum hierherkam. Dann gebe es sie eben doch, die Harzer Hexe: „Eine Frau also, die sich mit den Dingen auseinandersetzt, die vielleicht auch ein wenig zwischen den Welten liegen, die sich mit den heiligen und heilenden Dingen beschäftigt, die man nicht sehen und greifen kann."

Diese unsichtbaren Dinge sind für manche bloß Märchen. Für andere haben sie einen wahren Kern. In jedem Fall tragen sie ihren Teil bei zum religionsgeschichtlichen Reichtum im Harz.

9

Sagenhaftes Harz

Zeit für eine Hexensage

Mein Weib, eine Hexe!?

Nach Jahren der Ehe ist einem Harzer dann doch einmal aufgefallen, dass sein Weib immer in der Neumondnacht verschwindet und erst kurz vorm Hahnenschrei zurück ins Bette kriecht. „Weib sei ehrlich", fragt er sie an einem solchen Morgen neugierig aber zweifelnd, ob ihm die Antwort gefallen wird, „bist du eine Hexe?" Da lachte ihr ganzes Gesicht spitzbübisch, als hätte man sie beim Klau eines Zuckerwürfels ertappt und ihr nicht soeben Hexerei vorgeworfen.

„Natürlich bin ich eine Hexe, mein Alter, ich dacht' schon, du fragst nie. Nur sag's nicht weiter, sonst sind wir geschied'ne Leute!" – Das Gesicht des Alten war erstarrt und bekam nur langsam wieder Farbe und sein Mund nur langsam wieder Worte: „Und, was machst du in den Nächten? Triffst du dich mit anderen …, anderen Hexen?"

Behutsam nahm die Alte die Hand ihres Mannes in die Ihrige und erzählte: „Gestern bin ich auf dem Küchen-besen zum Blocksberg geflogen. Mittig unter meinen Schwestern saß dort der Gehörnte in Gestalt eines schwarzen Hundes und wir, wir tanzten um ihn herum!" - „Wozu tanzt ihr denn?" – „Den Regenreigen, um Winde zu wecken, die Erde zu nähren, der Welt die Freude am Sein zu zeigen!" – „Ah ja!", sagte der Alte, dessen Gesichtsausdruck widerspiegelte, dass er recht wenig verstand und es ihm eigentlich auch schnurz war.

Auch nach den nächsten Neumondnächten fragte er immer, wo sie denn gewesen und, was sie denn getan hätte und stets erzählte sie vom Tanz mit ihren Schwestern und immer murmelte er kopfschüttelnd nur „Ah ja!"

Einmal aber bekundete er größeres Interesse, als sie sagte: „Heut Nacht gaben wir den Dankesball und flogen ohne Schall und Knall zur bischöflichen Residenz, kredenzten uns zum Erntetag ein Schlückchen Wein, den ich so mag!" - „Wart' mal Weib, sagtest du Wein? Ihr seid doch wohl nicht zum Riesenweinfass nach Halberstadt geflogen und habt euch dort einen guten Schluck genehmigt?" – „Oh doch!" – „Und du hast nicht daran gedacht, mir ein Fläschlein mitzubringen?" – „Leider nein!" – „Wie seid ihr denn an den Wachen vorbei und durch die verschlossene Tür gekommen?" – „Durch Zauberei natürlich!" – „Lehrst du es mich?" – „Nein, besser nicht. Ihr Männer tratscht nur und nach dem nächsten Zechgang weiß es die ganze Welt. Was würde das für ein Chaos werden?" – „Ach bitte!" – „Nein danke!"

Griesgrämig beschloss der Alte, seiner Frau in der nächsten Neumondnacht einfach nachzustellen und ihr das Geheimnis abzulauschen. Tatsächlich hörte er ihren Spruch, wie man mit dem Besen klammheimlich durch die Lüfte zur rechten Stelle fliegen kann und tat es ihr nach und sauste auch gleich auf dem Spaten los. Viele Schwestern waren es, die dort im bischöflichen Lustschloss landeten, noch den einen oder anderen Schabernack mit den versteinerten Wachen trieben, sich an ihnen rieben und deren Waffen zu Holz verhexten, bevor sie im Weinkeller verschwanden.

Der Alte schlüpfte hinterdrein, grüßte die Hexen artig und legte sich gleich unters Fass. Da waren die Zauberweiber sprachlos, weil sie aber weise waren, ließen sie ihn machen, im Wissen darum, dass ein Jeder kriegt, was er verdient!

Die Hexen nämlich tranken nur ein bisschen hiervon und ein bisschen davon, was hilfreich ist, wollte man vorm Hahnenschrei nach Hause fliegen.

1

Der Mann aber dachte, da er eh niemals wieder, solch einen Tropfen zu trinken bekäme, solle sich's auch lohnen und ließ laufen. Er sollte wohl Recht behalten: Nie wieder würde er solchen Wein im Munde haben!

Im Rausche war er nämlich eingeschlafen und sein Weib hat ihn kopf-schüttelnd besoffen am Boden liegen lassen und die Wachen haben ihn am anderen Morgen ge-funden und der Bischof ihn als Hexer verurteilt, noch zur selben Stunde, einen Stapel Holz schichten und den Alten obenauf an einen Schandpfahl ketten lassen.

Schon ward das Feuer entzündet und die Flammen fraßen sich zu seinen Füßen, verbrannten mit einem Schlag den ganzen schönen Rausch und alle Müdigkeit und weckten seine Einsicht, dass er ein ziemlicher Tor gewesen. Plötzlich aber kam ein Rabe geflogen, ließ sich auf seiner linken Schulter nieder und krächzte ihm etwas ins Ohr und für ihn, war's die schönste Stimme der Welt, die seiner Frau und er sprach das Gekrächzte nach und bekam sofort Federn und Flügel und flog als Rabe davon.

Wie die Wachen das dem Halberstädter Bischof meldeten, ließ er sie prompt in die Zelle werfen, meinte er doch, die wahren Weindiebe ertappt zu haben. Der Alte aber hatte sein Stück gelernt. Nie wieder stellte er seinem Weibe nach und sie, weil sie eine gute Frau war, sie brachte ihm von jedem „Ausflug" eine Flasche vom besten Bischofstropfen mit!

(einer Hexe abgelauscht & aufgeschrieben von Carsten Kiehne)

Solche wundervollen, liebevoll selbstgefertigten Hexenfiguren stehen zur Walpurgisnacht in jedem Harzer Ort. Die hier abgelichteten Hexen kannst du im Kurort Bad Suderode bestaunen! ☺

11

Carsten Kiehne   carsten.kiehne@gmx.net - 0160/99557252   www.sagenhafter-harz.com

Hexen & Hexenverfolgung I

Wie alles begann ...

Gekennzeichnet von Unwissenheit, Angst und Wut, war die Zeit, geboren aus größter Not, Verzweiflung & Missgunst, die – wie so oft in der Geschichte – einen Schuldigen bedürfen. Aber, wie fing der ganze Irrsinn, den wir heute Hexenverfolgung nennen, eigentlich an? Dieser Abschnitt ist ein Versuch, den Dingen auf den Grund zu gehen, aber Vorsicht: Es muss nicht in Gänze den geschichtlichen Tatsachen entsprechen, sind sich doch auch die Schlauesten & Wissendsten Menschen in dieser Angelegenheit nicht einig. Doch beginnen wir vorn:

Was ist eigentlich eine Hexe?"

werde ich immer wieder gefragt. Laut den Sagen und Märchen ein böses, altes, meist hässliches Zauberweib. Doch das stimmt so nicht ganz, zumal ein Großteil der Geschichten (von wem auch immer) verteufelt oder verballhornt (lächerlich gemacht) wurde. Abgeleitet wird der Begriff „Hexe" u.a. von hagedise (mittelniederländisch & englisch). Aus hagedise wurde bei den mundfaulen, „nuschelnden" Harzern bald die „hegese", dann irgendwann die „Hexe! Ein „Hagen" ist ein umfriedeter Platz, durchaus auch ein Heiliger Hain und „Ise" könnte sich von „Eisen" ableiten und Jemanden meinen, der Eisen aus Stein gewinnen, also verwandeln/schmieden kann. Schmiede wurden im frühen Mittelalter noch als Zauberer wahrgenommen. „Ise" könnte allerdings auch von der Rune „Is" kommen und „Eis/Erstarrung" meinen, damit auf Runen- & Orakel-Arbeit oder auf Wetterzauber hindeuten. Meines Erachtens war eine Hagedise ...

eine Priesterin, die auf einem geweihten Platz ihrem Tun und Sein nachgeht.

Auch „hagazussa" oder „hagatusja" (westgermanisch) wird gern als Herleitung von Hexe gebraucht. Letzteres bedeutet Hexe, Unholdin, Furie oder Hure. Es könnte aber auch vom norwegischen Begriff „tysja", was mit Elbin oder Gespenst übersetzt wer-den kann. Die Harzer Sagenwelt kennt viele Ge-schichten, um Wesen der Anderswelt, die für Feinfühlige körperlich/energetisch wahrgenommen werden können, wie z.B. der Aufhucker des Selketals, die Tratschbarbe aus Sangerhausen oder die Haulemutter, eine Zaunreiterin aus Clausthal-Zellerfeld.

Um den Begriff „Zaunreiterin" zu verstehen, müssen wir in Bildern denken: Die Menschen damals waren von einer Unzahl an Gefahren bedroht, fühlten sich oftmals nur sicher in ihren umfriedeten/umzäunten Behausungen. Eine Person, die Nachts alleine fortging und sich über den Zaun in den dunklen Wald aufmachte, war den Menschen suspekt. Das Wort „Zaun" symbolisiert auch die Trennlinie zwischen zwei Welten, in denen sich eine Hexe souverän bewegt. Das meint nicht nur den von allen, außer eben der Hagedise, gefürchteten Wald, der schon immer Spiegelbild unserer Seele, unserer tiefsten Abgründe und die Heimat der Andersweltwesen war. Eine Hexe konnte scheinbar auch mit der Pflanzenwelt in Kontakt treten, da sie die Heilkräuter kannte. Auch sprach sie mit den Tieren ...

eine Mittlerin zwischen den Welten!

1

Carsten Kiehne   carsten.kiehne@gmx.net - 0160/99557252   www.sagenhafter-harz.com

Was tut eine Hagedise/Priesterin?

„Den Frauen ist eine gewisse Heiligkeit & Sehergabe eigen und deshalb achten die Germanen ihren Rat und hören auf ihren Bescheid."

… schreibt der römische Historiker & Senator Tacitus um 100 n. Chr. und fügt hinzu, dass die Priesterinnen auf den umfriedeten Dingstätten (den heiligen Gerichtsplätzen) Gebete für & Bitten an die Götter sprachen, sowie den Dank- & Opferdienst versahen. Mit dem Opferfleisch der Tiere bereiteten sie außerhalb des Heiligtums das „heilige Mal", bei dem es darum ging, es kultisch zu verzehren, die Kraft des geweihten Tieres & damit auch die göttliche Kraft in sich aufzunehmen. Dieses Speiseopfer diente auch dazu, den Göttern Nahrung zu reichen, damit ihre Kraft zu bewahren & zu steigern.

Aus dem Wurf der Knochen, dem Rascheln der Eichenblätter oder dem Flug der Vögel orakelten sie, günstige Vorzeichen für die nächste Schlacht erhoffend. „Die Losstäbe waren aus Zweigen eines fruchttragenden Baumes und trugen eingeritzte Zeichen, die verschiedene Aussagen ermöglichten." (Tacitus)

Als berühmteste Seherin der zusammengefassten germanischen Stämme, nannte Tacitus die Veleda, die zurückgezogen von den Menschen, in einem Turm nahe den Externsteinen im Teutoburger Wald lebte. Gerade diese Zurückgezogenheit, das Leben in der Natur, abseits von der geschäftigen Welt, soll den Priesterinnen helfen, ein „reines Herz" zu behalten, ein Motiv, ohne das in den Sagen kein Zauber gelingen würde & kein Reichtum (von welcher Art auch immer) zu erlangen wäre.

Das heilige Wort der Schamanin eines Stammes galt bei Verträgen und entschied über Krieg & Frieden. Der Orakelspruch der „Familienmutter" bestimmte (laut Cäsar, Bell. Gall. 1, 30-54), ob man in eine Schlacht ziehen sollte oder nicht. Verwundete Männer, pflegte sie gesund & versorgte sie; Frauen half sie, zu gebähren. Kindern lehrte sie die Geschichte des Volkes „Auf ihre Anerkennung legte der Germane den höchsten Wert!" (Tacitus, Germania)

13

Foto unten links: Opferkult am Rosstrapp von Stefan-Herfurth-Photography; oben rechts: Heilige Veleda, Ausschnitt einer Illustration von 1882

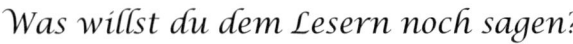

www.teeladen-gernrode.de

Interview:

mit Corinna Mertsch vom Hexenshop/Gernrode

Hi Corinna, danke dass du dir die Zeit genommen hast, uns ein Interview zu geben! Was ist deine Hexengabe?

Der Mensch hat nie nur eine Gabe, es sind immer mehrere, die ineinander fließen. Es ist die Ausstrahlung und die Sympathie, was man als Gabe sehen kann. Das zusammen fließt dann in die Bestimmung, die man mitbekommen hat.

Wann hast du den Zauber zuerst wahrgenommen? Gibt's den Schlüsselmoment?

In meiner frühsten Kindheit gab es mit 6 Jahren eine Marienerscheinung, danach kamen immer mal wieder interessante Erlebnisse in mein Leben. Beim Rommé spielen mit meinen Eltern hatte ich ein „Sehendes Ereignis". Das aufgenommene Deck hatte komplett rote Karten und nur eine schwarze Pik-Dame. In dem Moment, in dem ich meinen Eltern davon berichtete, schlich sich ein anderes Bild vorm inneren Auge ein - vielleicht nur eine Sekunde lang, doch zeugte mir dieses Bild sehr viel: Ich sah unsere Nachbarin, die in großer Freude war. Hinter ihr stand ein Mann mit schwarzen Haaren und Vollbart. Ich wusste sofort, dass unsere Nachbarin Karin verliebt ist und einen neuen Freund hat, den sie uns bald vorstellen wird. Auch das sagte ich meiner Mutter. Drei Tage danach, stand Karin tatsächlich vor unserer Tür mit eben dem Mann an der Hand, den ich an diesem Abend sah!

Wie stärkst du täglich deine Gabe?

Ich passe auf meine Gedanken und Gefühle auf, das ist eigentlich alles.

Alte Postkartenmotive von Wahrsagerinnen aus der Privatsammlung von Maik Mertsch. Danke für's zur Verfügungstellen!

Wie lebst du dein Hexendasein im Alltag - innerlich & äußerlich fürs Umfeld?

Innerlich sorge ich dafür, dass ich mich immer wohlfühle. Ich lese gerne Bücher die mein Bewusstsein bilden, mache meine Meditation und begebe mich damit gern auf eine sehr schöne Seelenreise. Das alles gleicht mich aus und hält mich fit, so dass ich dieses auch im äußeren Umfeld ausstrahle.

Ist Hexesein dein Hauptberuf?

Ja, mit Kartenlegen & meinem Hexenshop bin ich hauptberuflich beschäftigt.

Hast du ein nagisches Motto, das dir über Hürden hilft? 1

Ich bleibe bei mir und achte auf meine Gedanken und Gefühle! - Meine Oma sagte einmal: „Kind, sei immer lustig & vergnügt, bis dass der Arsch im Sarge liegt!" Wo sie Recht hat, hat sie recht.

Was willst du dem Lesern noch sagen?

Das Leben ist viel liebenswerter, wenn man sich frei von Zorn, Hass, Neid, Eiversucht und Ärger hält. Erkenne es selbst.

Worträtsel „Bäume – heilig & heilsam"

Finde mindestens 15 Wörter, die sinnvoll etwas mit unseren Baumsagen zu tun haben.
Viel Spaß und viel Erfolg, wünscht dir dein Team von Sagenhafter Harz! 😉

E	L	L	I	B	E	L	L	I	H	F
H	A	N	G	E	L	E	I	C	H	E
E	Z	L	O	H	G	N	I	D	A	S
T	S	I	E	G	N	E	N	N	A	T
U	B	A	T	S	I	A	M	T	H	J
R	E	E	T	S	E	U	Q	A	O	U
H	E	X	E	N	B	E	S	E	N	L
C	L	K	R	O	N	E	M	B	L	A
S	U	E	F	E	L	L	O	H	O	I
N	S	N	R	W	B					
U	N	U	U	A	I					
W	I	R	C	L	E					
E	M	G	H	D	W					
I	R	O	T	B	L					
N	I	L	A	A	R					
L	I	N	E	D	E					

Gewinne mit etwas Glück unser aktuelles Buch „Bäume – heilig & heilsam"!

Einsendeschluss: Ende Oktober 2020. Lösungen an carsten.kiehne@gmx.net

Wetterzauber am Thorstein

Lag lange Dürre über dem Harz und seinen Vorlanden, entschieden sich die Ältesten eines jeden germanischen Stammes, sich zum nächsten Thorstag (heute Donnerstag = Donars Tag; oder engl. Thursday = Thors Day) am Thorstein (dem „Gläsernen Mönch bei Halberstadt") zu treffen, um dem Vegetations- und Wettergott zu opfern.

Thorsten, ein blondgelockter Bub, der mit seinem Clan in einem Langhaus lebte, wo heute die Ortschaft Langenstein liegt, sah zu, wie weißgekleidete Priester aus dem heiligen Hain des Osterholzes Eichenholz herbeitrugen. Bald war ein Feuer aufgeschichtet, das Blitz und Donner anlocken würde. Thorstens Clan hatte diesmal eine Kuh zu stellen, die man zu Ehren des Gottes opfern würde. Ihr Blut sollte den staubtrockenen Boden befeuchten und Thor gnädig stimmen. Bis zum Bergrücken führte der Junge das große Tier, das ihm treu

hinterhertrottete, als ginge es auf die Weide. Weinend nahm Thorsten Abschied von seiner alten Freundin, doch es musste sein. Würde Thor das Opfer nicht annehmen und es nicht regnen lassen, müsste die Ernte auf dem Felde vertrocknen und Viele ließen im bitterkalten Winter wieder hungernd ihr Leben.

Pochenden Herzens sah Thorsten zwölf bildschöne, blondgelockte Mädchen nacheinander Stufe für Stufe den Felsen ersteigen und aus ihren tönernen Gefäßen Wasser aus den heiligen Quellen in eine Aushöhlung in den Felsen gießen. Kaum hatte die Letzte ihren Krug geleert, ließ sie auch schon ihre Hüllen fallen.

Nackt, wie Wotan sie schuf, ließ sie sich Bilsenkraut unter die Füße binden und nahm dann kniend einen Regenstein, einen Bezoar aus dem Magen einer Ziege Thors, entgegen. Diesen tauchte sie ins Wasser, streckte ihn gen Himmel – wiederholte dies dreimal und wurde dann rückwärts gehend vom Felsen, vom Bergrücken geführt, um weiterhin rückwärts aber nun allein über die Felder zu schreiten. Den ganzen Tag ging sie so: Nackt, Gebete murmelnd und die Felder mit dem immer nassen Bezoar besprengend.

Thorsten war der Schönen – in einiger Entfernung freilich – heimlich nachgegangen und sah erschrocken, wie das Mädchen vom Gehen ermattet in sich zusammenfiel. Wie tot blieb es auf Mutter Erde liegen. So rasch wie ihn seine jungen Füße trugen, eilte er herbei, ihr seinen prall mit Wasser gefüllten Schweinsmagen an den Mund zu setzen und ihren Durst zu stillen. Zuerst schwach, dann immer begieriger, schluckte das schweißbenetzte Ebenbild Freyas das kühle Nass. Ein kleines Rinnsal lief jetzt an ihren roten Lippen vorbei, bildete zwischen ihren Brüsten ein Bächlein und im tiefen Bauchnabel einen heiß verdampfenden See. Lächelnd schlug sie ihre Augen auf, schenkte zuerst ihm einen Blick – der von jener Sorte war, den ein Mann niemals mehr vergisst – und sah dann zufrieden gen Westen. Ihrem festgebannten Blick folgend, erkannte Thorsten nun auch die schwarzen Regenwolken, die den Brocken bereits ganz umhüllten. Nicht weit von ihnen, küsste der Regen bereits die Ähren.

(aufgeschrieben in „Sagenhaftes Halberstadt" –Sage vom „Gläsernen Mönch" auch Thorstein genannt, Bild: Gemälde, mit freundl. Genehmigung des Städt. Museums Halberstadt)

1

Die Ulenburg (bei Derenburg)

Die Ulenburg war einst heiliger Tempel der Hexen – hierher kamen die Zauberweiber von nah und fern, um die Botschaften der Hexengroßmutter zu hören. „Kuwitt – kuwitt", hörte man eine Eule nachts über Derenburg schreien, wenn es neue Kunde aus dem Harzwald gab. Sah man sie aber am Tage, zeichnete es sich ab, dass eine Seuche die Leute heimsuchen, oder eine Feuerbrunst ihre Häuser fressen würde. Wer der Eule in die Augen sieht, müsse sterben, glaubte man. „Kuwitt – kuwitt", rief die Eule schauerlich – „Komm mit, komm mit!", verstanden alle Hexen Derenburgs, schlichen nachts aus den Kämmern ihrer Ehemänner und eilten zur uralten Ulenburg. Gemieden ward die Stelle strikt von den einfachen und frommen Leuten.

... Auf dem Opferaltar saß sie schon, die große, weiße Eule und wartete und waren alle Hexen versammelt, verwandelte sich das dämonische Tier und des Teufels Großmutter stand auf dem Felsen.
Die zu spät Kommende wurde gescholten, geschlagen und als Lustsklavin bis zum nächsten Treffen gehalten, flüstert man leise.

Wen sollte es da verwundern, dass in Derenburg immer wieder manch' Hexerei zum Vorschein kam?

Am 01. Oktober 1555, gestand eine schöne Frau mittleren Alters, die „Gröbische" genannt, dass sie 11 Jahre lang mit dem Teufel gebuhlt hätte. Als man sie auf den Scheiterhaufen stellte und das Feuer entzündete, sei eine riesenhafte Eule erschienen und hätte sie vor aller Augen in die Lüfte genommen und fortgeführt. Ihr teuflischer Liebhaber ließ sie holen, weil sie ihm so gute Dienste erwiesen, sagten die Derenburger. *(aufgeschrieben in „Sagenhaftes Halberstadt")*

17

Interview:
mit der Kräuterfrau Marlene Mewald

In meine Pflanzenwelt wurde ich in einer Gärtnerei hineingeboren. Daraufhin hat sich mein ganzes Leben als Gärtner und Floristikmeisterin um Pflanzen gedreht. Wachstum, Gestaltung Farbe, Düfte und Kommerz. Erst als ich Rentnerin wurde, traf es mich. Ich sah Rosen und Holunder und fing an, Düfte und Inneres davon zu verarbeiten. So rutschte ich nach und nach in die Kräuterdüfte und ihren Geschmack. Von dort aus war es nicht mehr schwer tiefer in Kräuter zu versinken! ☺ So ging ich zum halbjährigen Wildkräuterlehrgang, von dem aus ich mein Wissen um die Heilkraft und die Genießbarkeit der Pflanzen vertiefte. Zusammen mit der Köchin der Fallsteinklause in Osterwieck, welche zu den Kräuterwanderungen tolle Kräuterbuffets kochte, begannen im Jahre 2012 meine Kräuterführungen.

Im Kindermonat (der Juni in Osterwieck) findet jährlich auch eine Kinderkräuterwanderung statt, bei welcher die Kinder (unter meiner Anleitung) essbare Kräuter pflücken, die sie dann in der Fallsteinklause zu Smoothie und anderem mit der Köchin und den Muttis

verarbeiten. Mit unserer Yogalehrerin habe ich schon Veranstaltungen mit Kräuterwanderung, Yoga und gesundem Picknick durchgeführt. Jeder brachte eine kleine Kräuterköstlichkeit mit, die wir nach der Meditation achtsam verputzten. ☺

In unserem Kulturlandverein Osterwieck, gestalten wir Veranstaltungen für das Städtische Leben, gemeinsam mit dem Schäfershof:

Fete la musice, Mittelstraßenfest, Mittelalterfest, Weinfest, Dichterlesungen, Denkmaltag uvm. - dabei bringe ich mich mit meinem Kräuterwissen, mit Kräuter- und Früchterätseln für Kinder ein, natürlich als Hexe im Kostüm! ☺ Es wird spannend, wenn die Jungen einen selbst geflochtenen Thorgürtel aus Beifuß umbinden oder die Mädchen, Kränze aus Gänseblümchen und Löwenzahnblüten winden. Zudem bekommen alle kleine Ölfläschlein, um selbst Johanniskrautöl herzustellen Auch für die Schulklassen und Kindergärten biete ich praktische Wanderungen für alle Sinne an. Ich möchte Kinder an die Wildkräuter heranführen und auch an die Achtsamkeit zu Mutter Natur mit kleinen Ritualen.

Für sehr viele Kräuter kenne ich Geschichten anhand derer man sich die Kräuter und deren Heilwirkung gut merken kann. Mit Carsten Kiehne, dem Autor des spannenden Buches *„Kräutersagen aus dem Harz"*, habe ich zwei schöne Kräuterwanderungen unternommen, bei denen er die Kräutergeschichten den Kindern so lebendig vorführte - das war unglaublich!!! ☺

Die Kräuterwanderungen gestaltete ich vor Corona einmal im Monat. Ob es im nächsten Jahr auch so stattfinden wird...? Der Wille ist da!

Carsten Kiehne   carsten.kiehne@gmx.net - 0160/99557252   www.sagenhafter-harz.com

Ich liebe es, zu den Lostagen in meinem Steinkreis zu meditieren und arbeite auch, wenn eine Krankheit sich zeigt, mit meinen Kräutern. Das mache ich aber nur für den Selbstgebrauch.

Die Kräuter, die man selbst benötigt, wachsen immer direkt vor der eigenen Haustür oder im Garten.

In mir fließt alles und es gibt keine bestimmten Zeiten der Wahrnehmung, ... es ist einfach nur da. Mein Motto ist: „Ich lasse einfach zu, was kommt und versuche damit umzugehen und weiter zu lernen!" Dabei ist es mir eine besondere Freude, meine sechsjährige Enkelin und meine fünfjährige Urenkelin in die Kräuterhexerei einzuführen.

In diesem Jahr sind viele meiner monatlichen Kräuterführungen wegen Corona ausgefallen, doch, wenn alles gut geht, kannst du mich noch einmal im September, auf eine Kräuter- und Wurzelwanderung auf dem Ilseradweg in Osterwieck begleiten. Dort möchte ich erstmalig Oxymel vorstellen und verkosten lassen und bin gespannt, was dich an den Kräutern berührt und fasziniert. Ich höre dir gerne zu und vielleicht, wollen wir gemeinsam den Pflanzen um uns herum lauschen?! 😊

Deine Marlene Mewald

19

Ein Beispiel: Vor meiner Haustreppe wuchs auf einmal Petersilie. Ich überlegte, warum, doch dann war es mir klar: Der Samen hilft gegen Inkontinenz. Woher wusste die Pflanze, dass sie benötigt wurde?

Wenn ich meditiere und im Unklaren bin, was zu tun ist, träume ich von der Helferpflanze, die dann auch tatsächlich richtig ist.

Ich bin täglich am Sammeln von Kräutern und verarbeite diese zu Tee, Tinkturen, Salben, Oxymel, Räucherware Kräuterzuckersalz, Säften, Gelees u.a. für meinen Hausgebrauch. Wenn ich in meinen Kräuter- und Rosenbeeten arbeite, sind meine Hände in Mutter Erde, dann sind meine Gedanken für die Außenwelt abgeschaltet und ich bin ganz bei mir, den Pflanzen und in der Natur eingebunden. - Ich befasse mich auch gern mit Antroposophie und Geomantie und werde einfach nicht fertig damit, dazuzulernen, um die Geheimnisse der Seele, des Himmels und der Erde, der Elemente, der alten Götter, Runen, Rituale, der heiligen Bäume und Zaubersprüche zu entschlüsseln.

Hexen & Hexenverfolgung II

Von der weisen Frau zur Hexe

Die Angst vor Hexerei und die Bestrafung schwarzmagischer Praktiken gab es schon immer, sogar in den alten Hochkulturen Babyloniens und Ägyptens. Auch die Römer straften negative Zauberei, nach dem Zwölftafelgesetz, mit dem Tod, ebenso wie die Germanen selbst, die Schadenszauberinnen vom Feuer „verspeisen" ließen. Bloß die Bibel kannte keine Hexen, hielt die „Alte Kirche" diesen Hokuspokus doch schlichtweg für Aberglauben und forderte im schlimmsten Fall: „Ein Weib, das sich an Zauberei versuchte, soll in der Gemeinde nicht geduldet werden!" *(L.W. Schrader 1839: Die Sage von den Hexen des Brockens & deren Entstehen in der vorchristlichen Zeit durch die Verehrung des Melybogs & der Frau Holle)* Eine gezielte Verfolgung vermeintlicher „Hexen" und die juristische Verwendung dieses Begriffs, kamen erst in den Neuzeit, Anfang des 15. Jahrhunderts auf.

Gehen wir aber nochmal zurück in das Jahr 772 n. Chr. – Kaiser Karl der Große, unangefochtener Herr über Halbeuropa & „Beschützer der Christenheit", suchte sein Reich zu erweitern, Macht und Reichtum zu mehren und begann den Krieg gegen die Sachsen. Seine einzige Legitimation für den Überfall auf die germanischen Stämme war die Tatsache, dass sie Heiden waren. Er zerstörte deren Heiligtümer, allen voran die Irminsul, deren Standort bei den Externsteinen, ein vorchristliches Sonnenheiligtum, vermutet wird. Auch diffamierte er die alten Göttern zu Teufeln & Götzen.

Um das Erbe des Kaiser fortzuführen, errichteten die Christen vornehmlich dort Kirchen und Klöster, wo die Heiden nicht davon abließen, den alten Glauben zu praktizieren. Selbst Heinrich I, der erste Deutsche König – der Quedlinburg zur Hauptstadt aller Deutschen Lande machte, feierte er doch hier das wichtigste Kirchenfest: Ostern - beschloss in seiner Burgenverordnung, Burgen und Kirchen eben dort zu errichten, wohin es die Heiden seit Jahrtausenden zieht. Wichtige Kultplätze der Germanen wurden so ganz einfach mit Gottesgebäuden überbaut. Andere Orte, zu weit weg vom Schuss, wurden absichtlich verteufelt oder zerstört – hier zu nennen wären Felsen, die dem Volke einst sehr wichtig gewesen sein müssen, wie die Papensteine (Stück der Teufelsmauer bei Weddersleben & der Kamelfelsen bei Westerhausen - einst dienten beide Orte der Himmelsbeobachtung), „Papen" bedeutet Pfarrer-steine, also der Kirche zugehörig, die den Sandsteinfelsen für den Kirchbau nutzte. Die verteufelten Kultplätze um Thale heißen noch heute: Hexentanzplatz, Teufelsmühle, Hexenaltar, Teufelswaschbecken, Fahle Hölle (Gräberfeld Walhalla), Lügenstein (Gerichtsstein), Altweiberbrunnen (Altgeweihter-Brunnen) oder Eselsquelle (Quell der Asen).

Massenmord für Gott & ...

Das Kloster Wendhusen (Bild oben links) in Thale – das erste Kloster in den Neuen Bundesländern, 820 geweiht – ist solch ein Kloster, von dem die Christianisierung der Heiden (wohl mit dem Schwert), eines der größten Kultplätze Europas, vorangetrieben wurde. Die St. Cyriakus in Gernrode (Bild oben rechts) wurde vom Markgrafen Gero gestiftet, als Sühnetat für den 30fachen Slawenmord, mit dem er die Führungsschicht seiner „heidnischen" Feinde mit einem Schlag enthauptete – ein weiterer frevelhafter Massenmord, gerechtfertigt im Namen Gottes!

Nicht nur die Elite der Heiden hatte die neue Obrigkeit zu fürchten, auch das einfache Volk musste vorsichtig sein, stand doch nun der Götzendienst – Opferhandlungen zu Ehren & zum Dank der alten Götter, den die Hagedisen ausrichteten – unter angedrohter Todesstrafe. Aus ersichtlichem Grund:

1. Wer wollte schon die undurchsichtigen Priesterinnen, einer ausgedienten Naturreligion das Sagen lassen? Die christlichen Bischöfe sicherlich nicht. Was war eine Frau schon wert, die aus nur einer Rippe des ersten Mannes gemacht war?
2. Verbot man das Opfern im tiefen Walde & in den Mooren, mussten die Menschen (die ihren Göttern ja dennoch danken wollten) ihre Gaben dorthin bringen, wo es erlaubt war. Welch ein Segen für die Kirche!

Das Einzige, was den Anhängern der alten Bräuche übrig blieb, war Zuflucht in den einst undurchdringbaren Wäldern des Harzes zu suchen und die Opferhandlungen heimlich durchzuführen. Von dieser Zeit stammt Brauchtum, das wir heute noch begehen, ohne es zu wissen. Wenn wir nämlich zu Ostern Ostereier verstecken, ahmen wir ein einst verbotenes Opferfest nach, mussten unsere frühen Ahnen, wenn ihnen der Kopf lieb war, ihre Dankesgaben – die ersten Eier, die ihre Hühner im Frühjahr legten – am Tage der Frühlingstagundnachtgleichen der Göttin Ostara (vielleicht auch an Mutter Erde) eben heimlich darbringen.

Mutter Erde, die germanische Unterweltsgöttin Hel, gleichbedeutend mit der Frau Holle unserer Grimmschen Märchen, die machte man zur wilden, hässlichen Großmutter Urians ...

und die Priesterinnen des Alten Glaubens, die Hagedisen, die verteufelte man zu garstigen Hexen, die Boshaftigkeit in den Herzen der frommen Menschen säen, das Vieh verfluchen und das Land mit Schadensflüchen überziehen würden. Das orgiastisch mit allen Leibesfreuden gefeierte Fruchtbarkeitsfest Walpurgis, welches man einst auf den Wallburgen als Hochzeitsnacht von Gott & Göttin symbolisch nachspielte, um das Jahr zu befruchten, wurde einfach zur Nacht aller Unholde gemacht!

21

Carsten Kiehne   carsten.kiehne@gmx.net - 0160/99557252   www.sagenhafter-harz.com

Der Hexenaltar am Brocken

Von den Millionen Menschen die jährlich den sagenumwobenen Blocksberg erklimmen, gemeinhin eher als Brocken bekannt, pilgern nur Wenige zum Hexenaltar, wovon wiederum nur ein Bruchteil still an den Klippen verharrt. Wer achtsam zu lauschen versteht, könne noch heute das Raunen der Zauberweiber hören. An vier vollen Monden sollen sie sich hier getroffen haben, den Altar geweiht, das aufgebarte Götzenbildnis umtanzt und auf den Lichtalb gewartet haben. Unter dem Hexenaltare soll ein unterirdischer Gang gewesen sein, der zur Wohnstatt des Kobolz führt.

Man könnte ihn hervorlocken, wüsste man noch die alten Gesänge: „... Sá er einn staðr þar, er kallaðr er Álfheimr ... (Das ist der Ort, der Álfheim heißt) ... Þar byggvir fólk þat, er Ljósálfar heita ... (Da haust das Volk, das man Lichtalben nennt.), ... en Dökkálfar búa niðri í jörðu, ok eru þeir ólíkir þeim sýnum ok miklu ólíkari reyndum ... (Aber die Schwarzalben wohnen unten in der Erde und sind ungleich von Angesicht und noch viel ungleicher in ihren Verrichtungen.). ... Ljósálfar eru fegri en sól sýnum ... (Lichtalben sind schöner als die Sonne von Angesicht), ... en Dökkálfar eru svartari en bik ...(aber die Schwarzalben schwärzer als Pech) ...!"

Eine solche Anrufung aber sollten nur erfahrene Priesterinnen wagen! Der Alb des Brockens (ein Wesen das wir heute im Volksmund Kobold nennen und mit Namen Kobolz heißt) würde dann herausgekrochen kommen und die Würdigen lehren: Nicht nur, wie man wieder zu Kräften kommt, sondern wie man große Mächte in sich bündelt, so dass man siegreich gegen seine Widersacher wird; wie man sich zu wahrer Größe erhebt! Kobolz - Kind einer Lichtalbe, die zu Walpurgis herabgestiegen war, um sich an diesem Ort mit einem Schwarzalb zu paaren - war Beides: Licht und Schatten. Er weckte das Beste in den Priesterinnen ..., oder den Wahnsinn! Bei schwachen Menschen entfachte er Ängste und Begierden und verwirrte durch elfenartigen Spuk deren Sinne. Auf dem Brocken sah es dann so aus, als würde schlicht dichter Nebel am Boden kleben. Hellfühlige aber spürten eine seltsame Kälte aus diesem weißtrüben Fluss, die von ihnen Besitz ergreift. Halluzinationen, Panik und „Albträume" wären das, was jene Menschen verfolgen würde, die ungeschult oder unachtsam dem Kobolz auf die Pelle rücken.

Kein Wunder also, dass die Christen einst meinten, sie würden auf dem Brocken dem Helfer des Teufels oder gar dem Leibhaftigen selbst begegnen ...! Wie ist das heute? Da brauchen wir wenig Bedenken hegen. Köpfe und Herzen der Menschen sind so randvoll von wirren Gedanken und krausen Geistern, dass es auf einen „Alb" mehr oder weniger nun auch nicht mehr ankommt, oder etwa doch?!

(aufgeschrieben von Carsten Kiehne nach Pröhle & mit Hilfe der Snorra-Edda)

Carsten Kiehne   carsten.kiehne@gmx.net - 0160/99557252   www.sagenhafter-harz.com

Altüberliefertes:

Hexensabbat auf dem Brocken

Ein preußischer Soldat aus Wernigerode kam nach Flandern. Im Quartier wird er gefragt, wo er her sei. Er sagte: »Ich bin am Blocksberge zu Hause.« Da sagte Jemand: Nun im Drübeckschen ist ein Pfeiler, daran steht mein und deines Bruders Namen. Wir hüteten als Jungen die Schafe und unterhielten uns oft, wie viel Hexen es in unserem Orte wohl geben möchte. Am 1. Mai, von welchem Tage an die Hirten am Harz ins Gebirge treiben und nicht mehr auf den Wiesen hüten dürfen und der der Walpurgistag am Harz ist, machten wir einen Kreis von Drachenschwanz oder Schlangenkraut, auch Hörnkenkraut genannt, um uns her.

Um 11 aber kamen die Hexen auf Besen, Heugabeln usw. an, zuletzt aber fuhr unsere Nachbarin auf einem Fuder Heu ohne Pferde daher. »Nawersche, nehmt uns midde« riefen wir. »Ja, Jungens, sett üch op«, rief sie. Das thaten wir, nahmen aber den Kranz mit auf das Fuder und steckten ihn um uns her. »Jungens«, sagt sie, »nu sett üch wißt (fest)« und da geht's davon als wie ein Vogel fliegen thut. Als wir wieder zur Besinnung kamen, waren wir auf einem hohen Berge, da waren große Feuer, viele Gäste auf Gabeln und Ziegenböcken, und es wurde getanzt und es war allda die schönste Musik. Satan hatte zwei große Hörner auf

dem Kopfe, ordnete die Tänze an und danach spielte er selbst mit. Die Alte war abgestiegen, wir Jungen aber zogen auf dem Heuwagen unsere Schallmey heraus und spielten auch mit. Nun kam der mit den Hörnern zu uns und sprach: »Jungens, ihr könnt ja prächtig spielen, ich will euch ein besseres Instrument leihen«. Da warf er uns eine andere Schallmey in den Kreis, die ging nun ganz prächtig, da huckten die alten Hexen wie die Stube hoch und freuten sich ordentlich.

Als wir nun so eine halbe Stunde gespielt hatten, winkte er und wir mußten Halt machen. Da knieten Alle vor dem Hexenaltar, dann nahm der mit den Hörnern aus dem Hexenbrunnen Wasser, goß zwei Eimer ins Hexenwaschbecken, daraus mußten sie sich Alle waschen und wurden auch von ihm damit besprengt. Dann ging der Tanz wieder an und um 12 Uhr war Alles verschwunden, wir Jungen aber saßen in ihrem Kranz von Kraut auf der glatten Erde. Da kam der Anführer und fragte, was wir für unser Spielen haben wollten, wir aber baten nur um die Schallmey. »Die sollt Ihr behalten«, sagte er.

»Am andern Morgen aber sahen wir, daß es eine alte Katze war, das Mundstück war der Schwanz, den hatten wir kurz und klein gekaut. Meinen Bruder tötete die Hexe, weil er in unser Dorf zurückkehrte, ich aber hütete mich vor ihr und ging fort.« *(aufgeschrieben von Grässe, 1868)*

23

Interview:
mit Katharina Alruna Beil über die Kreuzmühle

Was ist deine Gabe mit der du die Menschen, die Wesen & die Welt berührst?

Ich bin eine „Hobby-Hexe" 😊 und trenne im Allgemeinen meinen normalen Job davon, obwohl ich es offen und immer lebe. Ich denke, Hexen haben das in der Vergangenheit ja auch nicht immer als Hauptberuf gemacht. - Meine Gabe ist in erster Linie die Kräuterkunde, weil sie für die meisten Menschen gut zu begreifen ist. Darüber hinaus bin ich energetisch sensitiv und kann auch Energie an Menschen weitergeben.

Wann hast du den Zauber zuerst wahrge-nommen? Gibt's „den" Schlüsselmoment?

Einen Schlüsselmoment gibt es dafür nicht. Ich habe schon als Kind in und mit der Natur und ihren magischen Kräften gespielt. Erst später habe ich realisiert, dass dies etwas Besonderes ist.

Wie stärkst du täglich deine Gabe?

Die Gabe stärke ich durch Meditation in der Natur und eine ständige Selbstreflexion!

Wie lebst du dein Hexendasein im Alltag - für dich & für dein Umfeld?

Im Alltag versuche ich immer für andere da zu sein und in Respekt und Achtung für die Natur und die Götter zu leben. Darüber hinaus feiere ich die Feste des alten Jahreskreises Jul, Imbolc, Ostara, Beltane Litha, Lammas, Mabon und Samhain. Dies macht mir den Kreislauf und die Vergänglichkeit aber auch die Kraft und die Erneuerung bewusst.

Eine besondere Ehre ist für mich die Priesterinnen der Beltane Feier in der Kreuzmühle zu leiten. Für mich DAS Fest. Die Hochzeit der Erdgöttin mit dem Gott der Waldes und der Fruchtbarkeit. Für mich persön-lich ein Kraftquell schon durch die positive Energie dort.

Ist das dein Haupt- oder Nebenberuf?

Ansonsten bin ich reine „Hobbyhexe „ das heißt, ich bin freifliegend ohne festen, magischen Zirkel oder, dass ich es beruflich mache. Ich lebe meinen Glauben und meine Gabe für mich und meine direkte Umwelt. Ich habe immer ein offenes Ohr für die Menschen und helfe ihnen, wenn ich kann. Das hilft mir auch über meine Probleme hinweg.

Hast du ein Motto? Was ist dir noch wichtig, dass du dem Leser sagen willst?

Mein Motto ist: Nichts passiert umsonst... - alles zu seiner Zeit und alles wie es muss!

Was mir wichtig ist, Ihr Lieben da draußen? Findet zurück zu euren Wurzeln, zur Natur! Früher war die Erde unsere Mutter. Ihr werdet Heilung, Kraft und Glück finden. Geht behutsam und achtsam mit dem um, was euch umgibt, egal ob mit Mensch, Tier oder Pflanze. Ich wünsche euch immer den Segen der Götter auf eurem Weg und das Glück, das im kleinsten Tautropfen leuchtet!

www.voluptasit

Carsten Kiehne   carsten.kiehne@gmx.net - 0160/99557252   www.sagenhafter-harz.com

Beltane 2021

https://kreuzmuehle.wordpress.com/

Walpurgisfeste im Harz

„**T**euflisch schwer dieses Jahr, eine Wahl zu treffen!", findet der Teufel selbst beim Blick ins Programmheft zur Walpurgisnacht. „In drei Teufels Namen, überall ist was los & jedes Harzer Dörfchen hat hundert schöne Hexchen!", grübelt der Höllenfürst am Feuer. „Mmh, vielleicht wie immer der Hexentanzplatz über Thale, da kommt sogar FAUN, oder doch auf den Mittelaltermarkt in Schierke, Wolfshagen, Bad Grund, Stolberg, Bad Grund, Bad Lauterberg? ... das ist doch zum Verrücktwerden!"

Ihr Unholde & Hexen, holt euch am besten eure eigene Walpurgis-Sonderausgabe aus der nächsten Touri-Info, um die Nacht der Nächte bei uns zünftig zu feiern. Doch was heißt „zünftig", im Angesicht dieses altheiligen Festes, das heute weltbekannt als Hexen- & Teufelsnacht gefeiert wird? Einst war das Walpurgisfest wohl eines der 8 heiligen Jahresfeste, die man auf der Wallburg feierte, um die alten Götter zu preisen. Die Walpernacht oder Beltaine, galt als die Hochzeitsnacht zwischen Gott & Göttin. Ihre Vereinigung machte das Land fruchtbar & läutete den Sommer ein ... & was geschieht heute???

„Teuflische Walpurgisnacht"

schimpft der Teufel & ärgert sich über die Menschen, die es schlimmer treiben, als er, der Höllenfürst, es selbst vermag. „Werfen überall ihren Müll rum & dröhnen sich zu mit dem lauten Bass & saufen & kotzen & feiern ihren Schabernack. Versteht mich nicht falsch: Nichts gegen eine gute Party. Ich wäre der Letzte der etwas gegen Tanz & Trance, gegen nackte Weiber, sich aneinanderreibende Leiber & buhlende Männer hat. Doch bitte aber nicht, ohne die Natur zu ehren, sie kann sich nicht wehren, gegen allzu dummdreistes Getue. Auch bitte nicht, ohne euch an dem tieferen Sinn dieser Nacht zu nähren. Haltet kurz inne, atmet & spürt, ohne Hemd & ohne Schuhe!"

In der Presse:
Harzer Volksstimme

Waldbaden im Lindenkreis

Der Harzer Sagenerzähler Carsten Kiehne hat ein neues Buch über heilige und heilsame Bäume veröffentlicht

Bäume begleiten uns ein Leben lang: Ob zu Festen oder im Alltag mit ihren Früchten und Produkten aus Holz. Der Autor und Sagenerzähler Carsten Kiehne hat dem Mythos Baum nachgespürt und nimmt die Leser seines neuen Buches sogar mit zum Waldbaden.

Von Jens Müller

Heimburg ● Seit nunmehr zehn Jahren spürt der Autor Carsten Kiehne den Sagen des Harzes nach und hat dabei viele interessante Erzählungen zusammengetragen. „Es gibt aber spannende Motive, die immer wieder erwähnt werden", hat er bei seinen Recherchen erfahren. So gibt es die Bergmönche, Zwerge, Hexen und Teufel - vor allem aber Bäume. Doch was hat unsere Vorfahren an den grünen Riesen so fasziniert? Dieser Frage ist er in seinem neuesten Buch nachgegangen

Carsten Kiehne inmitten des mystischen Baumkreises auf der Altenburg in Heimburg.　　Foto: Jens Müller

und hat Erstaunliches herausgefunden.

Der Buchtitel „Bäume - heilig und heilsam - in Mythen, Sagen und Brauchtum" komme nicht von ungefähr. „Unsere Vorfahren betrachteten Bäume nicht nur als leblose Holzlieferanten", so Carsten Kiehne. Sie beeinflussten ihr gesamtes Leben. „In jedem Fest waren sie einst der Mittelpunkt und sind es als Mai- oder Weihnachtsbaum bis heute." Darüber hinaus erzielten und erzielen Bäume eine ganz besondere Wirkung auf die Menschen: Nicht umsonst sei ein Gang in den Wald - ein Waldbad - für viele ein Mittel zum Durchatmen, zum Stressabbau.

Auf seiner Spurensuche hat Kiehne 20 heimische Baumarten gefunden, denen unsere Vorfahren in ihren Mythen und Sagen ganz besondere Wirkungen zugeschrieben haben. So beschreibt er beispielsweise, warum Hasel- und Walnuss beim Wünsche(l)n helfen sollen, wie Weiden beim Trauern helfen und dabei unterstützen, Sorgen und Ängste loszulassen, auf welchem Wege Krankheiten an den Holunder übergeben wurden und wie ein Apfelbaum das Schicksal ihm verbundener Menschen beeinflusste.

Ein besonderes Beispiel für die Wirkung von Bäumen ist der Lindenkreis hoch über dem Örtchen Heimburg auf der Altenburg. An solchen Stellen sei früher zu Gericht gesessen und Recht gesprochen worden. „Das könnte heute noch funktionieren", ist sich Carsten Kiehne sicher: „Wenn sich die Streitenden einfach hier hinsetzen und ihre Sache klären

würden. Wenn ich solch einen Baumkreis betrete, entfaltet er eine ganz besondere Wirkung. Schon in kurzer Zeit geht einem das Herz auf und aller Ärger ist verflogen." In seinen Sagen haben diese Bäume aber auch noch eine andere Wirkung. So sollen Liebesschwüre unter Linden für besonders lange Beziehungen gesorgt haben. Treuebrecher hingegen seien von schlimmen Albträumen geplagt worden. Eine weitere Geschichte, die sich ebenfalls in Heimburg zugetragen haben soll, sei noch schlimmer ausgegangen: die von der Hangeleiche. Wie er schon sagt: „Bäume begleiten uns ein ganzes Leben lang - von der Wiege bis zum Sarg."

Zum Buch

Carsten Kiehne: „Bäume - heilig & heilsam - in Mythen, Sagen und Brauchtum"
220 Seiten, Hardcover
ISBN-13: 9783750497795
24,90 Euro

Carsten Kiehne　　carsten.kiehne@gmx.net　-　0160/99557252　　www.sagenhafter-harz.com

Die Haulemutter Clausthals

Eines Nachts kam ein Bergmann aus Clausthale ganz ermattet von der Schicht, wollte nach Hause und musste dafür nur noch durch ein dunkles Gässchen gehen. Auf halbem Wege saß da der schwarze Schatten einer Haule-mutter, ein Bein auf einem Zaun, das andere Bein auf dem Zaun gegenüber, den Pfad mit ihrem Leib überspannend. „Jetzt heißt's nur wacker hindurch oder zurück!", dachte sich der Bergmann, der weil er beherzt und zu müde für den Umweg war, beschloss, einfach unter dem Schatten hindurchzutauchen. Betont gleichmütig schritt er drauf zu, mitten hindurch, hatte auch sein Haus schon fest im Blick, als es ihm die Mooskappe vom Kopfe riss. „Nur nichts anmerken lassen!", dachte der Mann, ging langsam weiter, ohne sich nach der Mütze umzudrehen. Wie er Zuhause angekommen war, sagte er seinem Weibe, es solle doch bitte seine Mooskappe suchen, die hätte er wohl eben in der Schluppe verloren.

Seine Frau ging auch gleich los, fand das Gesuchte, bückte sich nach der Kappe, spürte einen eiskalten Hauch in ihrem Rücken, sprach schnell „Dank Herr Jesus, hier ist sie ja!", nahm sie an sich und ging auf dem schnellsten Wege zurück in die warme Stube. Kaum aber hatte sie die Türe zuge-schlagen und sich tief durchatmend mit dem Rücken an die Haustür gelehnt, da rappelte die ganze Tür als wollte sie zerbersten und draußen, da donnerte und tobte es gewaltig. Die Haulemutter schrie so entsetzlich, dass den Beiden im Hause Angst und Bange ward:

„Ihr werdet gleich mien Käppchen rückgiebn, sonst wird's euch übel ergiehn!" Sofort warf der Mann seine Kappe wieder zum Fenster raus, mit der anderen Hand sein Kreuz umklammernd und lobte den Herrn und dankte dem Tischler, der ihm ein Kreuzfenster gezimmert und ein Trudenfuß ans Türgebälk gezim-mert hat.

Draußen tobte es noch eine ganze Weile, bis endlich eine solche Ruhe kam, die nicht weniger gespenstisch war und das Blut in den Adern gefrieren ließ. Wie endlich der ersehnte Mor-gen graute, wollten die Beiden die die ganze Nacht kein Auge zubekommen hatten, gerne nachsehen, ob der Spuk zu Ende wäre. Vorsichtig öffneten sie die Tür, nur einen Spalt weit und sahen auf dem Boden vorm Haus die Mütze liegen. „Weib, hol das Ding wieder rein und schau, ob sich's noch ge-brauchen lässt!", befahl der Mann, doch die Frau weigerte sich entschieden: „Ich geh' nicht raus!" Da stellte der Mann seine Kerze am Boden ab, öffnete die Türe noch einen Spalt mehr, nannte sein Weib einen Angsthasen und griff vorsichtig nach draußen, seine Moos-kappe zurück zu erobern. Noch ein Stück weiter, noch ein bisschen strecken, die Türe noch ein bisschen weiter öffnen, ... er kam noch nicht ran, ... doch gleich – „Hah, jetzt ...!"

Der markerschütternde Schrei seiner Frau, war das Letzte, das er hörte und das eigene Blut, das ihm in die Augen tropfte, das Letzte, was er sah.

(aufgeschrieben von Carsten Kiehne nach Grässe, 1866)

Hexen & Hexenverfolgung III

„Was muss geschehen, dass sich alles Licht dem Dunklen weicht, dass Grautöne sich ins Schwarze färben & auch das letzte Fünkchen Hoffnung einen finsteren Schatten wirft?"

frage ich mich als Geschichtsinteressierter und staune immer, wenn die Spezies Mensch, die sich für ach so weise hält, im Lauf der Geschichte, wieder und wieder die gleichen Fehler macht! Die Törichten unter uns, suchten schon immer und tun es noch heute, einen Schuldigen für das Unrecht und das Unglück dieser Welt, das sich so grausam und unerbittlich im eigenen Herzen verbeißt. Ob es nun in der Neuzeit die Hexen waren, denen man die Schuld zusprach, unter Hitlers Regime die Juden oder heute die so genannten Verschwörungstheoretiker. Ich meine, eine Zeit & Gesellschaft ist immer dann radikal, wenn sie Minderheiten und Andersdenkende mundtot macht, als Irre verkauft und zum Endgegner stilisiert. Es ist das immer gleiche Spiel von Licht und Schatten, vom Schubladendenken, das in Schwarz und Weiß, in Gut und Böse teilt und letztendlich zum traurigen Verhängnis führt. Ach, könnten wir dieses Spiel einmal durchschauen und unser Herz öffnen. Wir würden dem Gegenüber tief in die Augen blicken und in ihm, unseren eigenen Bruder, unsere eigene Schwester erkennen! ...

Um den jeweiligen Zeitgeist zu verstehen, muss ich etwas von dieser Epoche, von den Lebensumständen und der Not der Menschen wissen. Die größte Welle der Hexenverfolgung ging, zu Beginn der Neuzeit, aus einem großen Elend und damit aus einer umfassenden Verunsicherung hervor. Die kleine Eiszeit vernichtete die Ernten mehrerer Jahre, die Menschen froren, hungerten, starben an Seuchen, immer bedroht vom nächsten Kleinkrieg, der zwischen den mächtigen Häusern tobte. Die Schuldigen an diesen Umständen waren rasch gefunden: Die Anhänger des alten Glaubens, die noch immer nicht von ihrem Treiben, ihrem Götzendienst, ihrem Zauber ließen: Die Hexen!

Für den Triumph des Bösen, reicht es aus, wenn die Guten nichts tun!"
(Edmund Burke)

Wir wissen nicht, was den Dominikaner Heinrich Kramer, später bekannt, berüchtigt und gefürchtet als Henricus Institoris, dazu bewegte, beim Papst Innozenz VIII. vorstellig zu werden und zu behaupten, dass eine gewaltige Verschwörung, eine Hexensekte, die Menschheit und die Kirche bedrohe. Erstaunlicherweise erließ der Papst noch im gleichen Jahr (1484), Kramers Angaben dabei komplett ungeprüft lassend, die *Hexenbulle* & erkannte damit an, dass Hexen & Hexerei existieren, was gänzlich im Gegensatz zur damaligen kirchlichen Lehrmeinung stand.

Mit der Hexenbulle gedachte Kramer seine bis dato mühsame Hexenjagd zu rechtfertigen und zu vereinfachen, wobei erwähnt werden muss, dass die Bulle ihm lediglich erlaubte, Verdächtige zurechtzuweisen, zu inhaftieren und zu bestrafen, nicht aber, eine Hexe zu verbrennen! Als Kramer alias Institoris in Innsbruck an sein grausames Werk gehen wollte, ward er vom Bischof als Verrückter erkannt und aus der Diözese geworfen. Das nahm der Verkannte zum Anlass, 1986 seinen *Hexenhammer* (lat.: Malleus Maleficarum) herauszugeben, dem er die päpstliche Bulle und ein gefälschtes Gutachten der theologischen Fakultät der Universität zu Köln voranstellte. Durch dieses geschickte Intrigieren, hatte es den Anschein, als genösse der Hexenhammer die Autorität von Papst, Kaiser und Gelehrten. Das traf zwar nicht zu, fand jedoch großen Anklang im Volke, das wie eben beschrieben, nur auf einen Schuldigen wartete, dem man die Missernten, Hungersnöte und Seuchen in die Schuhe schieben konnte.

Alle aufgestaute Wut wurde nun kanalisiert, einzig dem Ziel ergeben, diese gewaltige Hexenverschwörung zu bekämpfen, Magierinnen aufzuspüren, systematisch zu verfolgen & zu vernichten. Als Großinquisitor sollte Kramer nun Gerichte beraten & Prozesse führen.

In Quedlinburg steht solch ein Hexen-Gefängnis noch heute, der so genannte Schreckensturm. Komiker der Stadtverwaltung hatten die „glorreiche" Idee, den Turm als Ferienwohnung zu vermieten. Seltsamerweise wollte niemand darin nächtigen! ☺

Die weit verbreitete Annahme, die meisten Hexenprozesse würden auf das Konto von Inquisition und Kirche gehen, ist allerdings falsch! Sie waren zwar maßgeblich darin involviert, doch letztlich wurden Hexenprozesse in über 90% aller Fälle vor weltlichen Gerichten entschieden. Legitimation erhielten sie nicht zuletzt von der ersten deutschen Strafgerichtsordnung, der *Peinlichen Halsgerichtsordnung* Kaiser Karls des V., der *Carolina*, mit der auch Schadenszauberei bestraft werden durfte, sofern durch sie ein Personenschaden entstanden war. Die Carolina legitimierte die Folter im Prozess & führte verschiedene Todesstrafen für Verurteile auf, wie lebendig begraben, ertränken, pfählen, verbrennen …!

Doch, wie die Hexe erkennen???

Das sei ganz einfach, heißt es. Eine Hexe hätte zumeist flammenrotes Haar. Das bevorzuge Satan, erinnere es ihn doch an die Farbe seines Höllenfeuers. Auch würde eine Hexe weiße Haut haben, das käme vom Mondlicht, in dem sie unterwegs wäre. Sie hätte Muttermale, Warzen und Sommersprossen. Eine Hexe wäre eigensinnig, hielte sich für schlau und widerspräche ihrem Mann. Sie wäre besonders gerne in der Natur, auch nachts, säße unter Weiden, Erlen und Eiben, kenne Kräuter, könne gut mit Katzen, Raben und Eulen, Spinnen und Nattern. Sie bekäme keine Kinder oder würde sie töten und fressen. Sie sei elfenschön oder teuflisch hässlich, besonders lüstern oder verschlossen, sei also eben eigen und ganz anders, als andere!

Was warf man ihnen vor?

Der Hexe wurde Vieles vorgeworfen, darum trage sie viele Namen: Michstehlerin, Kristallseherin, Butterin, Teufelshure, Bockreiterin, Zeichendeuterin, Weissagerin, Unholdin, Zauberische, Trude oder schlichtweg: Die Böse!

Zu ihren Merkmalen gehörte 1. der Hexenflug, auf Besen, Tieren, Dämonen (mithilfe ihrer Flugsalbe); 2. Der Hexensabbat – das Treffen mit ihren Schwestern & dem Teufel auf dem Blocksberg; 3. Der Teufelspakt (durch den Teufelskuss geschlossen); 4. Die Teufelsbuhlschaft (Sex mit dem Teufel); & 5. Der Schadenszauber (wie z.B. Hexenschuss, Hagel, Seuchen, Stadtbrände, verdorbenes Wasser, kranke Tiere, Unfälle).

Wie lief solch ein Hexenprozess ab?

Oft ging einer Anklage eine jahrelange Phase des Gerüchts voraus, oder es kam zu einer Besagung von einer anderen verhörten Frau, die unter Folter den entsprechenden Namen angab. Ward eine Anklage ausgesprochen, wurde die Unschuldige in einen der Hexentürme gesperrt, entkleidet, geschoren (da die Zauberkraft oft in den Haaren stecke), gedemütigt, gebrochen (z.B. durch Vergewaltigung von Seiten des Henkers) & entkräftigt. Zermürbt von der Kälte in der Zelle, von Wasser und Brot (für das die Angehörigen viel Geld zu bezahlen hatten) wurde die Verdächtige oft erst nach vielen Wochen zum Verhör vorgeladen.

Dort ward sie vor der männlichen Richterschaft entkleidet und nach Hexenmerkmalen untersucht. Man befragte sie gütig, ... wann der Teufel ihr das erste Mal erschienen wäre, ... wann sie mit ihm geschlafen habe, ... welcher Nachbar noch am Wolperabend auf dem Blocksberg bei ihr gewesen wäre, ... welchen Schadenszauber sie schon alles getan hätte ...!

Oh, sie würde schon noch reden und gestehen wollen. ...

„Man zeige ihr das Folterwerkzeug, das Halsband, die Daumenschraube, den gespickten Hasen, den Nagelstuhl, die Mundbirne, das Rad, das Pfahlhängen, den Schwedentrunk, den Brustreißer, die Judaswiege, die Eiserne Jungfrau ...! Oh, und will sie danach noch nichts sagen, entzieht ihr das Essen, setzt sie drei Tage in Dunkelheit und gebt acht, dass sie nicht einschläft. Wir wollen sie schon mürbe machen ...!" - Welche Frau so bis jetzt noch unerschrocken war, wurde immer wieder gefoltert, also hochnotpeinlich befragt, bis die Richter endlich genau das Geständnis hatten, was sie wollten. Zur Verurteilung und Hinrichtung kam es oftmals gar nicht, weil die Verhörte schon während der Folter starb.

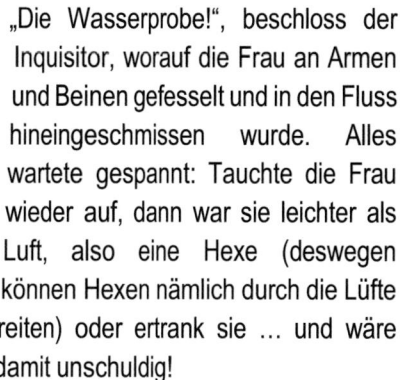

„Was, sie will noch nicht gestehen?", fragte der Richter, sich am Leid der Frau sichtlich ergötzend und schlug eine Hexenprobe vor. „Die ist doch aber vor Gericht verboten!", platzte einer der Amtsleute dazwischen und erntete böse Blicke. „Mmh, du willst wohl nicht wissen, ob wir eine echte Hexe haben? Bist wohl einer der Ihrigen? Bist mit ihr gar im Bunde?", überlegte der Inquisitor. „Nein, nein, ich sag nur ...", stotterte der Amtmann und setzte leise hinzu, „... die Hexenprobe ist sicherlich hilfreich!" - „Die Nadelprobe haben wir ja schon gemacht. Aus dem Hexenmal ist kein Blut geflossen!", sagte der Richter streng, „Was jetzt, die Wiegeprobe, die Feuerprobe oder die Wasserprobe?" –

„Die Wasserprobe!", beschloss der Inquisitor, worauf die Frau an Armen und Beinen gefesselt und in den Fluss hineingeschmissen wurde. Alles wartete gespannt: Tauchte die Frau wieder auf, dann war sie leichter als Luft, also eine Hexe (deswegen können Hexen nämlich durch die Lüfte reiten) oder ertrank sie ... und wäre damit unschuldig!

„Gut, möge Gott ihr Frieden schenken!", sagte der Richter beruhigt. „Sie war wohl keine Hexe, so bezahlt die Stadt ein christliches Begräbnis. So holt die Andere Hexe aus dem Schreckensturm und befragt sie nach den Mitschuldigen. Sie wird schon die ein oder andere besagen ..., hat ja auch schon alles andere gestanden und dann schichtet endlich einen Scheiterhaufen. Möge ihre Seele noch heute in den Flammen gereinigt werden!" – „Sollen wir sie zur Gnade vorher erdrosseln oder enthaupten?", fragte der Amtmann kleinlaut? – „Nein!", beschloss der Inquisitor, „So viel Gnade hat sie wohl nicht verdient. Lass sie schreien. Das wird auch andere abschrecken, sich mit dem Höllenfürsten einzulassen!"

....

Selbst der aufgeklärte Martin Luther - Theologieprofessor, Reformator, Umgestalter der Kirche, Bibelübersetzer ins Deutsche - forderte 1526 noch vehement: *„Zauberinnen sollst du nicht am Leben lassen"* - 1756 fand die letzte Hinrichtung einer Hexe auf deutschem Staatsboden statt. Unser Mitgefühl gilt den 60.000 Getöteten & den Angehörigen der Opfer!

31

Das sogenannte „*Kreuzabnahmerelief*" an den Externsteinen im Teutoburger Wald. Es gilt als die älteste aus massivem Fels gehauene Steinmetz-Großplastik nördlich der Alpen, die das vorchristliche Heiligtum an diesem Ort in eine Stätte christlicher Gottesverehrung umwandeln sollte!

Zu sehen ist u.a. die umgestürzte Irminsul – die „Große Säule", das ehemalige Hauptheiligtum der Sachsen – auf der das Kreuz errichtet wurde.

Liebe Franziska, du bist Pfarrerin & wir kennen uns, weil du einige Jahre sehr leidenschaftlich in der Kirche meines Heimatortes gewirkt hast. Ich freue mich sehr, dass du dich als „Frau der Kirche" für das Thema ‚Hexen' begeistern lässt. Das ist ja eher ungewöhnlich, oder?

Ja! Das klingt erstmal seltsam. Schließlich waren die Kirchen maßgeblich für die frühneuzeitlichen Hexenprozesse verantwortlich. Ein sehr dunkles Kapitel unserer Geschichte, in dem die Lehren & Predigten der Pfarrer eine der Ursachen für Ausgrenzung, Verfolgung & Gewalt waren. 25.000 Frauen & Männer verloren allein in Deutschland qualvoll ihr Leben, weil sie nicht ins gängige System gepasst haben. Das finde ich bis heute bedrückend. Wir haben als Kirche die Aufgabe, uns gegen diese historischen Verirrungen zu stellen.

Worin siehst du deine Aufgabe heute?

Für mich ist es in meiner theologischen Arbeit besonders wichtig, dass ich Menschen nicht ausgrenze, nicht verurteile & nicht festlege aufgrund ihres Glaubens. Vielmehr erlebe ich, dass uns eine tiefe Spiritualität eint, die so vielgestaltig ist, wie die gesamte Schöpfung. Mein Glaubensgrund ist die bedingungslose Liebe, nach der sich jede & jeder von uns sehnt. Ich nenne sie Gott, Ursprung & Sinn von allem und in allem. Jesus berührt mich durch seine Klarheit & Radikalität, mit der er diese Liebe gelebt & verkündigt hat & die Kirche hat für mich den Auftrag, diese Liebe glaubhaft zu verkündigen.

Du predigst also Gottes Liebe als Lebensprinzip in jedem von uns. Habe ich das richtig verstanden?

Ja. Ich versuche das Göttliche in jedem von uns zu sehen & füreinander auffällig & fühlbar zu machen. Stell dir mal ein Fest vor, auf dem alle das Göttliche in sich spüren könnten. Das wäre ein herrlicher Gottesdienst!

Das ist ein schöner, aber auch hoher Anspruch, besonders heute, wo die Kirche immer mehr ihrer Mitglieder verliert!

Hm. Das ist richtig. Manchmal habe ich auch Sorge, dass viele Menschen gar nicht mehr wissen, was hinter den Kirchentüren passiert – also wogegen sie eigentlich sind. Dann würde ich am liebsten die Türen aufstoßen & rufen: „Hey, wir verbrennen keine Hexen mehr! Schau doch mal rein!" Manchmal klappt es & es kommen Leute zu mir, die mich verwundert mustern & sagen: „Ach, so kann Kirche auch sein?! Wir kommen wieder!"
Aber es gibt natürlich auch die anderen, die sich wünschen, dass alles so ordentlich bleibt, wie es war: mit Angst im Herzen & Zaun um das Kirchengebäude. Gott sei Dank spüre ich aber oft Gottes guten Geist, der es tatsächlich schafft, Menschen von ihrer Angst zu befreien & mutig zu leben, wie sie von Gott gemeint sind. Das sind schöne spirituelle Momente, die mich tief mit Gott verbinden. Eine schöne Predigt schreiben oder Menschen in schweren Lebenssituationen begleiten zu dürfen, sehe ich als Privileg an. Aber nichts davon könnte ich, wenn ich nicht daran glauben würde, dass Gott auch in mir und durch mich wirkt – so wie durch dich & durch jeden einzelnen Menschen.

Danke für das begeisterte Gespräch!

33

Hexensagen:
Von Hexenbäumen & dem Tanz ins Himmelreich

Das käme, sagte man, weil der Baum um die arme, gerichtete Seele der schönen Jungfrau trauere. Die alte Linde steht leider schon lange nicht mehr. Eine neue Linde wächst an ihrer Stelle, uns mit ihren herzförmigen Blättern daran zu erinnern, dass wir teuflischem Gerede nicht einfach Glauben schenken, sondern es zuallererst mit unserem Herzen abwägen.

(aufgeschrieben in „Sagenhafter Nordharz – die schönsten 100 Sagen & Märchen von Goslar bis Wernigerode)

Die Linde auf dem Schuhhof

Auf dem Schuhhof zu Goslar wuchs einst eine mächtige Linde, die mit ihren dicken, in sich verschlungenen Ästen den ganzen freien Platz überspannte. Ihr seltsamer Wuchs machte sie einzigartig und zog seit jeher tausende Besucher in ihren Bann. Einst soll sie von einer Hexe gepflanzt worden sein, die dazumal auf einem Schandkarren durch Goslar gefahren wurde, um sie am Köppelsbleek zum Tode zu bringen.

Wie der Karren polternd an der Marktkirche vorbeifuhr und das Armesünderglöcklein sanft vom Turm her läutete, da rief die vermeintliche Hexe: „Lasst mich nur noch an jener Friedhofmauer ein Zweiglein brechen. Ich will es umgekehrt in die Erde stecken und wächst es mit Gottes Hilfe an, wird es für alle Zeiten meine Unschuld bekunden."

Da wurde die Frau unter strenger Bewachung kurz aus dem Schandkarren gelassen, und durfte den Zweig umgekehrt in den Boden stecken. Sie starb zur selben Stunde. Der Lindenast wurzelte aber wirklich, wurde stark und dick, dass bald niemand mehr vermochte, ihn herauszureißen. Doch in die Höhe wollte er nicht. Seine Äste wuchsen nur wie Wurzeln in die Breite und hingen schwerfällig herunter.

Ins Himmelreich tanzen

Hast du dich schon einmal ins Himmelreich getanzt?", fragte die Alte ein junges Dirn aus Ellrich, das offenbar schlimm an Schwermut erkrankt war. Verdutzt sah die Junge sie an. „Mensch Mädel", alberte die Alte und ruckelte an ihren eingefallenen Schultern, so als wollte sie alle sieben Plagegeister abschütteln, die sich auf deren Schultern festgesetzt hatten. „Es hat einen Grund, dass du dich schwer und traurig fühlst. Willst du verstehen, wozu der Allmächtige dir deine Kiepe voller Steine packte, dann schlepp dich in dieser Vollmondnacht mal dort hinauf!" Dabei zeigte sie auf einen Berg südlich des Ortes und sagte: „Das ist das Himmelreich. Früher sollen hier böse Hexen getanzt und mit dem Teufel gebuhlt haben. Ich glaube aber eher, dass es weise Frauen waren, die einmal wild und ausgelassen die Kraft der Erde beschworen, ein anderes Mal, schön und anmutig die Winde besänftigten. Man sagt, wer dort oben blanken Fußes tanzt, den würde Mutter Erde durch ihre liebsten Geschöpfe alle Geheimnisse lehren. Es waren die Dunkelalben, bei uns Heimchen genannt, die tief unten >Heimchenreich< in den Höhlen hausten.

Zu den Tänzen kamen sie hinauf und traten ins Licht, mischten sich unter die Menschen und sangen ihre Weisen. So wundersam soll der Reigen gewesen sein, dass selbst der Wind innehielt und lauschte und hatte er genug gehört, so brauste er über alle Berge, diese Sagen so verteilen. So kamen die Geschichten in den Harz, sagten die Alten und wussten ferner zu erzählen, wie die Menschen noch vor 100 Jahren zu Pfingsten das Reich der Heimchen zum Tanz aufsuchten." – „Woher weißt du das alles?", fragte das junge Ding. Da lachte die Alte und ihre Augen sahen dabei so lebendig aus, als wäre sie selbst noch eine blutjunge Maid: „Na, weil's erst gestern zu sein schien, da ich mich oben zum Tanze gedreht, Worte in einer fremden Sprache singend, alle Lasten von mir werfend, spürend, wie mein Herz nach Hause kommt!"

Etwas ängstlich ging das Mädchen diese Nacht alleine los und dachte gar nicht drüber nach, wohin die Füße sie trugen. Schritt für Schritt ging sie der Dunkelheit und ihrem ungewissen Schicksal entgegen, wohl wissend, dass das Schicksal, welches sie erwartete, wenn sie nicht ginge, sie auch bloß langsam, doch unaufhörlich nagend, verschlingen würde. Sie war ein langes Stück gelaufen, war ein kurzes Stück gelaufen, an steinalten Buchen vorbeigewandelt, hinaufgestiegen, hinabgeglitten, durchs Moor gewatet und versunken, wieder aufgetaucht, festen Boden unter sich spürend, die Sterne über sich sehend und erst wieder aufwachend, beim Gewahr werden, wie eine derbe Dunkelheit sie allmählich verschluckte. Da stand sie nun, mitten im Reich der Heimchen, …

nicht wissend woher sie kam, nicht ahnend, wohin sie gehen sollte und spürte etwas Großes auf sich zueilen. Es würde sie nehmen, zerreißen und töten, sich an den Resten ihren Körpers laben. Ihr Herz raste und die Knie wurden weich wie Butter, die heiß in der Hitze zerrinnt. Sie verbrannte lodernd doch lichtlos vor ihnen, wodurch auch ihre Furcht verloderte. Es war ihr alles gleich, auch ob sie sterben würde. So umfing sie den Tod mit offenen Armen, ließ sich einfach rücklings fallen, mitten in die Tiefe, dem Geschöpf ins Maul, welches ihr Zähne fletschend entgegen fieberte …!

Wie sie das nächste Mal ihre Augen aufschlug, sah sie sich unter den Sternen tanzen und sich noch immer drehen, als die Sonne langsam das Himmelreich wachküsste. „Nur kurz einmal sitzen und staunen …!", dachte sie, lehnte sich an eine der dicken Buchen und ließ sich vom Winde zudecken. Sie träumte tausenderlei: Von der Alten, den weisen Frauen, die anmutig mit den Heimchen tanzten; von dem Ding in der düsteren Höhle. Zum wießen Schwan verwandelt, trug es sie aus dem Berge über den Pontel auf den Tanzplatz. Jetzt sah sie sich selbst im Schwanenkleide tanzen …! Wie sie erwachte, da schien auch ihre Schwermut nur ein weit entfernter Traum gewesen zu sein! Da ging ihr der Wind noch einmal durchs Haar, umspielte ihren süßen Nacken, kitzelte ihr das Erlebte heraus und sauste dann nach Ellrich, der Alten die Geschichte zuzutragen, dass die junge Maid es gemeistert hatte, sich ins Himmelreich zu tanzen.

(aufgeschrieben von Carsten Kiehne in "Sagen helfen heilen")

35

Interview mit der, „Die mit dem Wind tanzt", Anja Neubert: Waldfrau & Tanznaturell

Gibt es einen magischen Schlüsselmoment in deinem Leben?

Das war noch während meines Studium, da war ich in der Natur unterwegs und hatte plötzlich ein starkes Gefühl von „Wow, das war so eine Verbindung zu Mutter Natur, so essentiell und ich wusste, wenn ich das nicht haben kann, dann sterbe ich!" Das habe ich vorher nie zuvor so erlebt, obwohl ich immer gerne in der Natur war. So bin ich aufgewachsen, am Stadtrand, direkt an Wald und Feld, ohne Nachbarskinder. Solch eine enge Verbundenheit hatte ich noch mit keinem Menschen, keinem Tier – ein absolutes Geschenk. Das war einer der Schlüsselmomente, der mich körperlich und see-lisch lehrte in Verbindung mit Etwas oder Jemandem zu sein. Das war wie ein Einbrennen, wie in Zeitlupe, die Luft war spürbar, das Wiegen der Gräser war spürbar, die Schmetterlinge, die in Zeitlupe tanzten. Es war, als ob alles miteinander in Berührung wäre und mir die rechte Lebensweise spürbar machte. Bei mir gesche-hen solche Berührungs-, Erleuchtungsmomente am ehesten draußen in der Natur.

Du sagst, du möchtest mit Menschen in der Natur arbeiten, sie dort mit deiner Be-geisterung anstecken? Was ist deine Gabe? Was macht dich zum Thema Hexe-Sein zu einer Frau, die authentisch lebt & sich mit ihrer Gabe in die Gesellschaft einbringt?

Die Natur macht's mir total einfach und hilft mir dabei, so zu sein, wie ich bin. Die Natur zieht da auch keine Masken auf, wechselt nur die Kleider mit der Jahreszeit, aber sie ist pur, authentisch. Sie lässt mich sprühen. Ich glaube das ist eine meiner Gaben, die Natur zu spüren, begeistert zu sein und diese Begeisterung, diese Le-benslust auch spüren zu lassen. Ich sage den Menschen: „Tue das, was dich vor Lebenslust sprühen lässt, was den inneren Frieden in dir nährt!" Diese Momente habe ich da draußen und transportiere ich durch mein So-Sein, dafür braucht es dann auch keine Überzeugungskraft.

Ein Ausdruck deiner sprühenden Energie ist ja definitiv der Tanz ...!

Ja, total! Einen besonderen Moment hatte ich auf einem Bergrücken [der hier nicht genannt wird] im Bodetal. Manchmal tanze ich aus mir heraus meine Emotionen, bringe sie zum Ausdruck, das kommt einfach so. Dort oben war ich zuerst ganz langsam in Bewegung und spürte auf einmal den Wind, spürte, wie er mich nicht nur umsaust, mich durchbraust – man kann ihn natürlich auf einer rein subtilen Ebene wahrnehmen – hier aber bemerkte ich, wie er mit mir in Berührung geht, wie bei einer Kontakt-Impro.

Er tanzte Schlangenlinien auf meinem Körper, ganz spielerisch, bis ich eins mit ihm wurde. Er lehrte mich in diesem Moment seiner Art der Bewegung, seines Seins. Für eine solche Art des Tanzes braucht es keinen anderen Menschen, sondern da ist dieses komplette Aufgeben, das gibt so viel. Da ist die Entdeckerlust, dieses Spielerische und dann diesen ganzen tiefen Kontakt im Außen, sei es der Wind oder sei es ein Mensch, ein Gespräch ... alles kann Tanz sein ... und über den Kontakt mit dem Außen, kann ich dann, Kontakt mit mir selber aufnehmen. Ich liebe es, mit anderen in diese tiefe Berührung zu gehen. Dieses Tanzen ist deshalb so essentiell, weil es uns, wie die Natur, tief in Berührung mit uns selbst bringt.

Carsten Kiehne   carsten.kiehne@gmx.net - 0160/99557252   www.sagenhafter-harz.com

Es lässt mich komplett glücklich zurück, da gibt's nichts mehr. Eigentlich habe ich es anfangs nur für mich gemacht, es ließ mich strahlen, dass aber zog Andere an und jetzt genieße ich es auch, das in Gemeinschaft zu tun. Der Tanz ist einer meiner Weg, meine Begeisterung mit anderen zu teilen, ein anderer ist die Massage!

Für mich habe ich die Esalen-Massage entdeckt. Das ist so eine intuitive Ganzkörpermassage zum Wohlfühlen, die wie Meereswellen in langen, alles verbindenden Streichungen über den Körper fließt, sanft in den Gelenken schaukelt und in der Tiefe wirkt. „Nichts" bleibt zurück als deine pure Essenz.

Die Esalen-Massage hat an der kalifornischen Küste entwickelt. Darin vereint sind verschiedene Massage-Techniken, wobei man sich auf dem Stammgebiet der Esselen-Indianer, von der Qualität des Meeres inspirieren ließ. In dieser Massage, die keinen Plan braucht, nur meine Präsenz bedarf, finde ich mich wieder!

Ich lasse mich darin einfach nur auf das ein, was gerade da ist, was mich umgibt: Auf den jeweiligen Mensch, das Wesen, die Pflanze, den Wind …! Meine Absicht ist, miteinander in Berührung zu gehen, den Gefühlen Ausdruck zu geben, ins Sein zu kommen, wobei ich nicht den Anspruch habe, therapeutisch ausgerichtet zu sein! Trotzdem darf alles sein. Das heilsame, nährende an solcher Massage ist das Zeitlose. Es gibt keinen Lehrplan und kann schon durchaus mal zwei Stunden dauern. Ein anderes mal aber lösen sich alte, tiefsitzen-de Blockaden nach wenigen Minuten. Es braucht die Zeit, die es braucht und ich nehme mir diese Zeit gerne!

Mein Wunsch, das alles draußen in der Natur zu tun, kommt manchmal in ganz kleinen Geschenken zu mir. Ich bin ja gerne in den Harzer Höhlen draußen, auch mal länger mit Übernachtung und da durfte ich bereits mehrere Frauen, also immer im Einzelsetting, begleiten. Letztens fragte mich eine Frau, die gerne massiert werden möchte, ob man das nicht auch in einem Fluss liegend machen könnte. Jetzt habe ich eine Stelle im Harz entdeckt, an der ich meine Massageliege ganz bequem in einen Fluss stellen kann, so dass das Wasser alles Lösen hilft und mit sich nehmen kann. Diese Stelle ist ein Geheimtipp, leicht zu erreichen, aber doch ungesehen, mitten in Mutter Natur!

In diese Richtung geht es für mich immer mehr: Tanz draußen, Massagen draußen, mit Kindern draußen … ganz gleich, was geschehen möchte. Die Hauptsache ist, das es ganz natürlich aus uns selbst heraus in der Natur geschieht!

37

„Man kommt an ihnen einfach nicht vorbei!"

und es gibt sie in jedem einzelnem Ort im Harz, unscheinbar am Wegesrand, oft beinahe vergessen und nur ein seltsamer Name steht auf der Landkarte und erinnert an längst vergangene Tage. Nicht überall muss Hexe & Teufel dranstehen, um auf einen besonderen Kraftplatz zu verweisen:

> Gerichtsplätze (Things- & Thies, wie der Steinkreis bei Darlingerode, der Thie Blankenburgs, der Thingberg bei Warnstedt, der Dedingstein im Heers)
> Heilige Quellen (vor allem Marienquellen) oder Seen (Heiliger Teich bei Gernrode)
> Anmutige Felsen (z.B. der Gläserne Mönch, früher Thorstein bei Halberstadt oder der Trudenstein bei Schierke, die Teufelsmühle bei Friedrichsbrunn, der Elfenstein bei Bad Harzburg, der Glockenstein bei Thale)
> Altäre & Opfersteine (teils mit Runeninschriften, wie der Teufelsstein über Bad Suderode, der Hexenaltar bei Stecklenberg?!)
> Lügensteine (Thale, Neinstedt, Halberstadt)
> Besondere Bäume (Wunscheichen, Weiden, Eiben, Hollerbüsche, Tanzlinden …) oder Wälder (z.B. das Osterholz bei Blankenburg oder der Zehling bei Ballenstedt)

Dies ist nur eine winzige Auswahl von magischen Orten, die ihren Zauber aber nicht Jedem offenbaren. Es braucht schon die rechte Zeit, sowie die richtige Herangehensweise, um die Kraft eines Ortes wirklich am eigenen Leib zu spüren und für sich zu nutzen, sagen die Sagen! ☺

Die heiligen bzw. heilsamen Orte der Kraft sind uns also spätestens mit den Ortsangaben, die wir in den Sagen finden bekannt. Was aber ist nun mit den heiligen Zeiten? Gemeint sind die 8 Jahresfeste, die unsere keltischen und germanischen Vorfahren bereits feierten, gut abzulesen z.B. an den 4.500 Jahren alten Kreisgrabenanlagen, z.B. bei Pömmelte/Magdeburg, die darlegen, dass bereits vor tausenden von Jahren die Walpurgisnacht und auch Halloween gefeiert wurde.

Fotos von links nach rechts: Lügenstein (Gerichtsstein) in der Klostermauer Wendhusen; der Altweiberbrunnen (der Alt-geweihte-Brunnen); das Teufelswaschbecken (Taufbecken im Bodetal); der Opferstein mit Runen in der Walpurgishalle/Hexentanzplatz

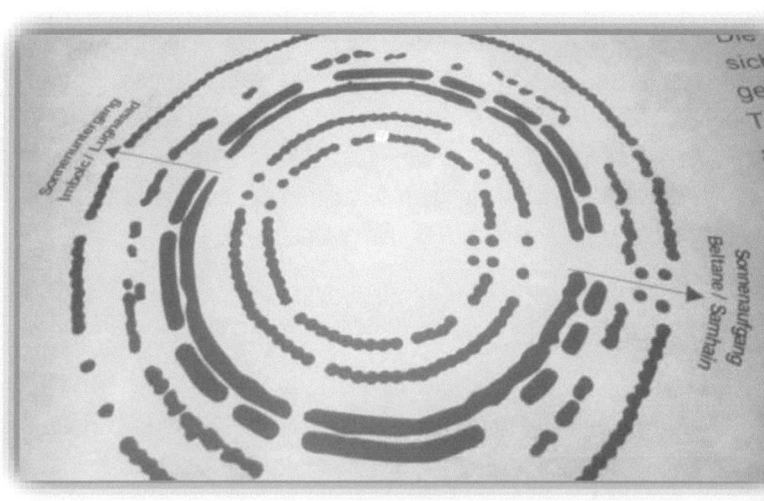

Das verwundert vielleicht all Jene, die meinen das letztgenannte Fest wäre ein neumoderner Spuk, der leider aus Amerika hierhergefunden hat. Genau anders herum wird ein Schuh draus. Anhand der Ein- & Ausgänge des Ringheiligtums Pömmelte, bewiesen Archäologen, dass Beltaine & Samhain (letzteres von der Kirche heute als Allerheiligen/ Allerseelen gefeiert) Hochzeiten ritueller Bedeutung waren.

Auch die Harzer Bielsteine, allen voran der Wolfshäger Kalenderstein verweisen auf die heiligen Zeiten unserer Ahnen (spannend hierzu das Buch von Werner Körner: Sonnenheiligtümer & andere Kultstätten am nördlichen Harz").

"Wie im Großen, so im Kleinen!"

heißt eine magische Formel, die sich auf die heiligen Zeiten gut übertragen lässt, denn jedes Jahresfest kann (und ich bin mir sicher wurde auch) von unseren Ahnen auf jeden einzelnen Kalendertag übertragen. So sind die heiligen Zeiten eines Tages 06:00 Uhr (21.03., Ostern), 12:00 Uhr (Sommersonnenwende), 18:00 Uhr (Erntedankfest); 24:00 Uhr (Weihnachten). Jede Zeit hat ihre ganz eigene energetische Qualität und lädt uns zu unterschiedlichen Aktivitäten/Gedanken ein. Auch die Sagen warnen davor, zu diesen Zeiten weiterzuarbeiten: Hier sollst du Innenschau betreiben, beten und dich den Göttern zuwenden!

> Der Sonnenaufgang zur **Sommersonnenwende** ist durch die in den Fels gehauene Visurlinie bei ca. 52° Azimut im Schnittpunkt des Hahndörfer Höhenzuges mit dem "Großen Sülteberg" am 21. Juni sichtbar.

> Eine in den Stein gehauene Flanke zielt zum Schnittpunkt von "Westerberg" und "Heimberg". Am 21. März und am 23. September, den **Tagundnachtgleichen,** geht hier die Sonne auf.

> Der Sonnenaufgang zur **Wintersonnenwende** liegt im Schnittpunkt von "Mispliet" und dem "Hahnenkleer Bergrücken". Die untere Flanke, die in den Kalenderstein eingehauen wurde, zeigt in diese Richtung.

Fotos von links nach rechts: Der Glockenstein (Georgshöhe), das Teufelsgesicht (Teufelsmauer, Schweinskopf), der Bodekessel (auch als sagenumwobener Jungbrunnen bekannt); die 1000jährige Eibe im Kästenbachtal (auch: Der tanzende Wald der Hexen)

Sagenhaftes Harz

Der Grad der Zuwendung macht in der Herangehensweise an einen Kraftort genau den alles verändernden Unterschied! In den Sagen wird oftmals erwähnt, dass es die Jungfrau ist, welche die Hohen Rituale begehen soll. Oder es ist der arme, junge Mann, der ganz unbedarft an große Schätze kommt. Die Sagen betonen stets ausdrücklich:

Sei reinen Herzens,
wenn du einen Kraft- oder Wunschort betrittst!

Sorgt ein Kraftort doch nicht per se dafür, dass man auftankt, sich kraftvoll fühlt, sondern (nach meiner Erfahrung) bekräftigt all das, was in uns ist und gerade zum Ausdruck kommen möchte. Das mag Traurigkeit oder Wut sein, oder eben der absolute Seelenfrieden. Ein Kraftort unterstützt uns also darin, uns selbst zu entdecken, anstehende Themen zu erkennen und in unsere Kraft zu kommen, diese Dinge zu klären! Diese Prozesse brauchen Hingabe, Fingerspitzengefühl & vor allem: Die rechte Zeit!

Die *Kraftplätze Thales - eine der einst bedeutsamsten Kultplatzanlagen Europas -* (aufgeführt in der Bilderreihe dieses Kapitels), laden uns dazu ein, uns von allem Alten reinzuwaschen, zu vergeben, dadurch auszuheilen, neu anzufangen und zu reflektieren, was wir uns vom Leben wünschen. Die Kraftplätze können uns helfen, ganz in unsere Mitte zu kommen, sich wieder allverbunden zu fühlen, mit unseren Helfern & den Ahnen in Kontakt zu treten und die Rituale der Hochzeiten (einst waren die 8 Hohen Jahresfeste gemeint) kennen zu lernen!

Unsere nächste Reise beginnt am 07. 11. (siehe Termine)!

Allverbundenheit

Fotos von links nach rechts: Die Zinober- oder Venedigerhöhle (Initiationsplatz?), der Thorstein am Hexentanzplatz (Phallussymbol?); das Rosstrappenmal (Opferbecken, Standort eines Abbilds des Weltenbaums?); Blick vom Opferstein auf die Rosstrappe

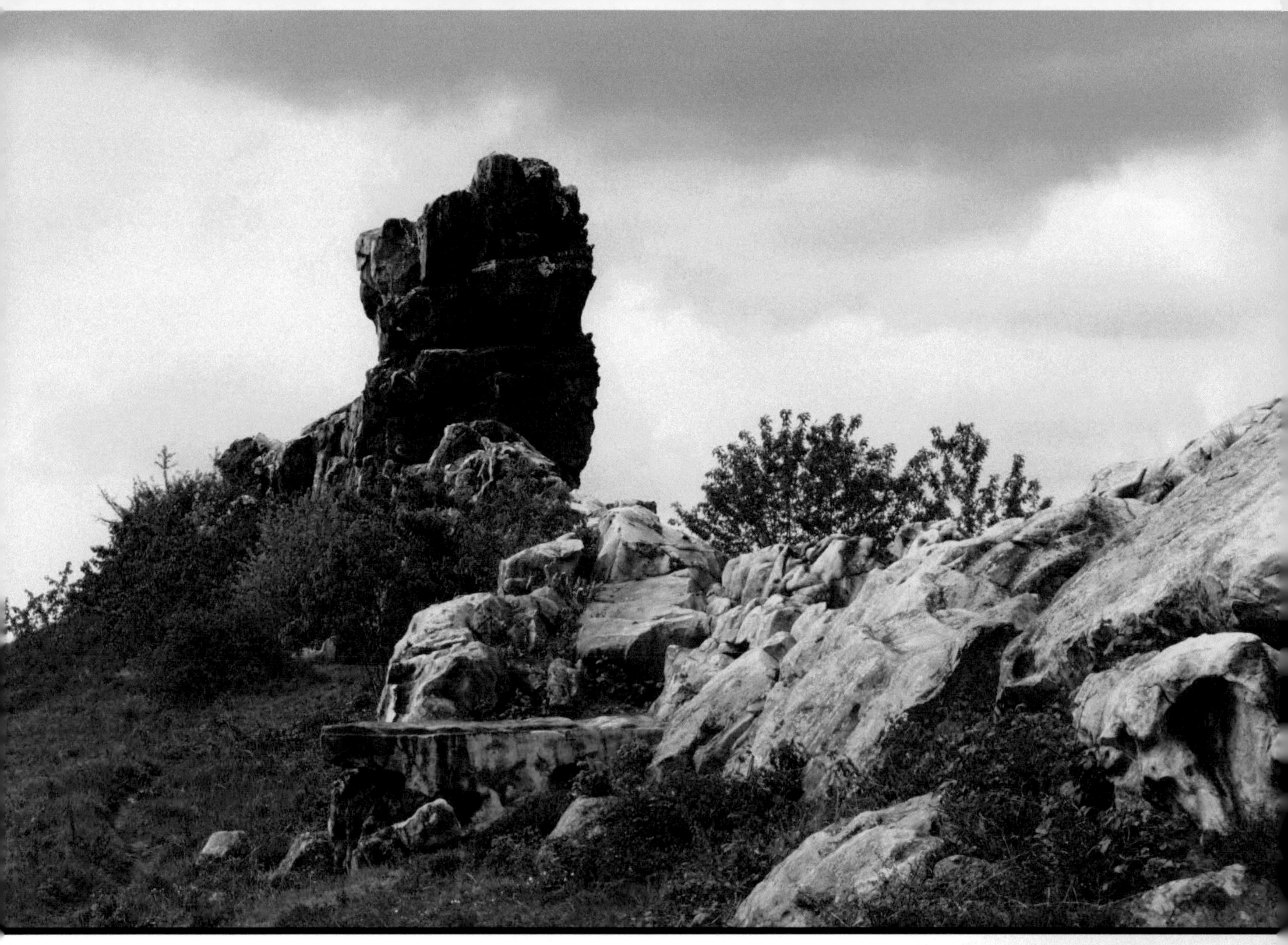

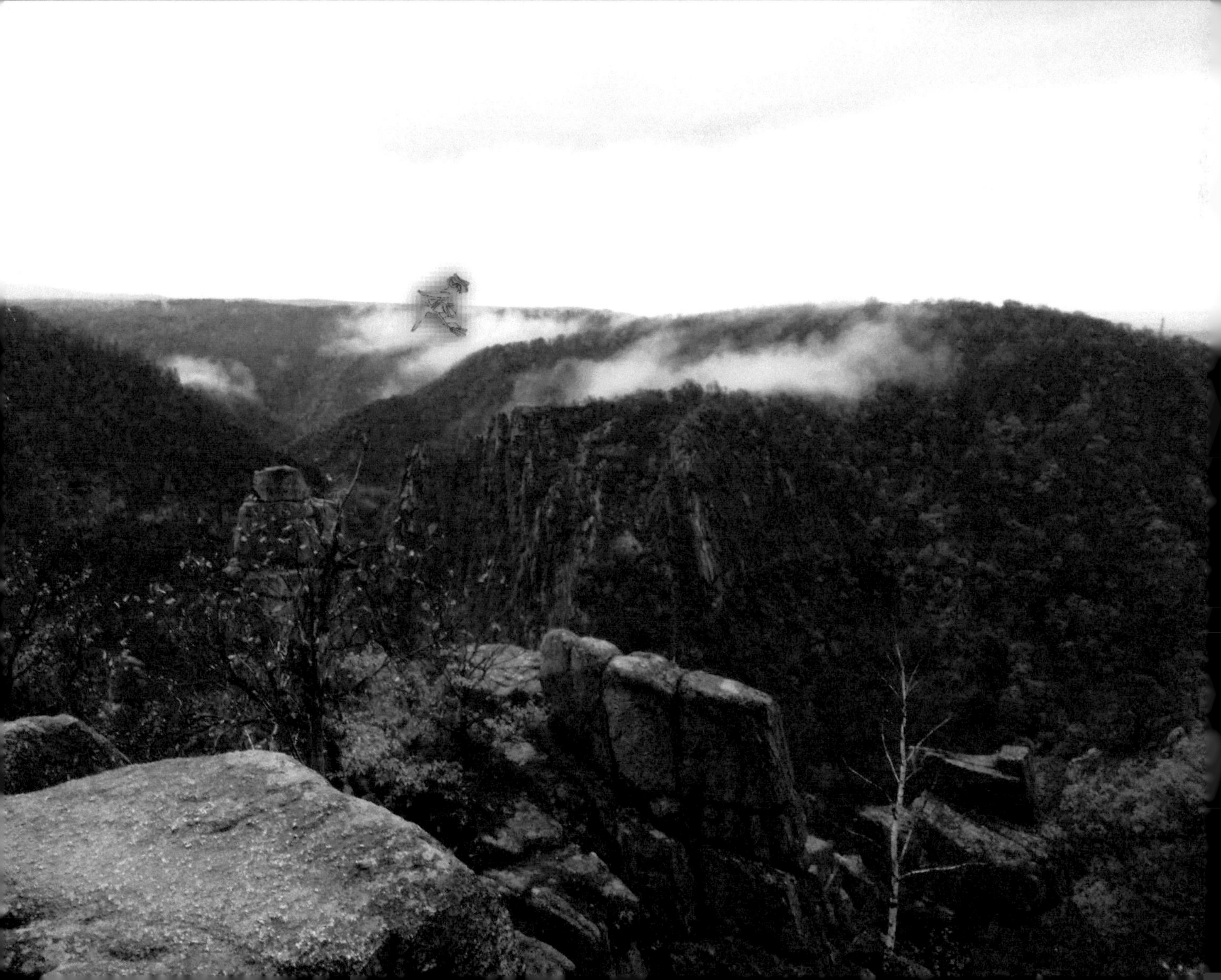

Ein keltischer Drachentempel auf dem Wurmberg

Vor Jahrhunderten ging bereits die Sage durch die Harzer Lande, Ungläubige sollen Abstand wahren vom alten Drachenberg, oder Lindwurm- oder Wurmberg. Ringsum würden Geister die Grenzen schützen und Markt halten, wie am Kapellenfleck. Gehst du des Nachts an diesen Ort, "huckt dir ein Geist auf", du leidest an schauerlichen Visionen, kaufst Teufelswerk, das dein Herz stocken lässt oder musst ruhelos rackern, bis dein Lebensfaden endet. - Den Gipfel des Wurmbergs besteigen von Osten her, über die uralte Hexentreppe (die es noch heute gibt), die Teufelsweiber zu ihrer heiligen Stätte. Dort tanzen sie sich - an den acht hohen Tagen - in Rage und Wollust und wecken den Drachen im Inneren ihrer Herzen. Dann erst fliegen sie jauchzend weiter zum Brocken, um dort die Teufelsbuhlschaft zu zelebrieren.

Man sagt auch, ein heidnischer Tempel aus vorchristlichen Zeiten hätte einst mitten auf dem Wurmberg-Plateau gestanden. Bis heute sollen die Ruinen, trotz Zerstörung des Platzes durch frevelhafte Menschenhand, ihre Drachenenergie bewahrt haben. Ersteigst du auf der Hexentreppe achtsam den Berg, und ist einer jener heiligen Tage, so wirst auch sicher du die Kraft des Drachens in dir wecken können!
(aufgeschrieben von Carsten Kiehne in "Sagenhafter Brocken")

Bild oben: Die Hexentreppe vom Wurmberg, eine von drei bekannten „Heidentreppen" im Harz, neben dem alten Aufstieg vom Bodetal zum Hexentanzplatz in Thale & dem Weg zur Kirche St. Katharin in Neinstedt, in welcher der altheilige Gerichtstein eingemauert ist

Das Geheimnis des Wurmberges

Seit der 2. Hälfte des 19. Jh. berichteten Reisebeschreibungen und Harzbücher von einem „heidnischen Tempel" auf dem Wurmberg. Seit dem Jahr 1949 haben die damit gemeinten rätselhaften Steinanlagen auf der Wurmberg-Kuppe dann auch die Archäologie beschäftigt. Nachdem man zunächst glaubte, dass es sich bei einem Steinhügel auf dem höchsten Berg Niedersachsens um ein Grab der Bronzezeit handele, wurden die bei den Ausgrabungen ab 1954 freigelegten mauerartigen Strukturen zunächst als die Reste einer Kirche des 8.Jh. interpretiert, später wurden häufig Vergleiche mit römisch-keltischen Tempelanlagen der Zeit um Christi Geburt vorgenommen. Bis zum Abschluss der Ausgrabungen 1970 war es nicht gelungen, eine sichere Datierung und Interpretation der rätselhaften Steinanlagen zu gewinnen. Seit dem ist das Bild des „keltischen Heiligtums" auf dem Wurmberg in vielen Reisehandbüchern und anderen Veröffentlichungen zu finden.

Erst die Wiederaufnahme der Grabungen 1999-2001 führte zu dem verblüffenden Ergebnis, dass die älteste Bauphase der Steinanlagen auf die Fundamente einer um 1825 gebauten Hütte zurück geht. Auch der von Osten darauf zuführende Weg ist damals entstanden. Um 1890 erbaute man an dieser Stelle ein sehr aufwendiges 8,40 m hohes Messgerüst, um weiträumig optische Vermessungen über die Gipfel der Bäume hinweg durchführen zu können. Dieses Gerüst, dass schon bald baufällig wurde, existierte bis in die Jahre nach dem 1. Weltkrieg. In den 30er Jahren stand an dieser Stelle eine meterhohe „Gipfelpyramide" aus aufgetürmten Steinen, die langsam verfiel und deren Reste später Anlass gaben, in ihr einen bronzezeitlichen Grabhügel zu vermuten.

Es gibt auf der Wurmbergkuppe aber auch weitere Steinanlagen, deren Geschichte bisher nicht geklärt werden konnte. Dazu gehört beispielsweise der flache Steinwall mit einem Durchmesser von max. 24 m, der direkt hinter dem Schutzzaun verläuft. In unregelmäßigen Abständen liegen 16 große Steinblöcke auf dem Wall. Ein weiterer, wesentlich größerer Steinwall ist auf der Westkuppe des Wurmberges beim „Stieglitzeck" zu finden. Unter dem Kaffeegarten der Wurmbergbaude existiert mit dem sog. „Hexenaltar" eine weitere, jetzt nicht mehr zugängliche Steinanlage.

2003 wurden Teile der Wurmbergkuppe als archäologisches Reservat ausgewiesen, weil hier in einzigartiger Weise die Relikte der Nutzung eines Gipfels im Oberharz durch die Jahrhunderte erhalten geblieben sind, während sie auf dem Brocken beispielsweise durch Überbauung zerstört wurden. Dazu gehört auch die höchstgelegene Buche Niedersachsens auf der gegenüberliegenden Seite des Steinwalls. Sie ist der letzte Rest des ursprünglichen Fichten-Buchen-Mischwaldes auf dem Wurmberg, der im Jahr 1800 einem Orkan zum Opfer gefallen ist.

Vom Drachenrücken

Wenn die Sonne heiß auf den Sandstein niederbrennt, erwacht es zu neuem Leben! Feinfühlige merken schon Tage zuvor das Rumoren dessen, was wir als bloßen Stein bezeichnen. Doch es ist kein Stein, der sich zwischen den Feldern an die Oberfläche drückt und den wir „die Teufelsmauer" nennen. Es ist das Rückgrat eines uralten Wesens, riesig, kraftvoll, Leben schenkend, wieder nehmend. Lediglich Legenden erzählen von dieser Art und den alten Tagen, in denen es aus der Erde brach, der Boden zum Beben brachte, sich aufschwang, den Himmel zu verdunkeln und alles in gleißenden Flammen auflodern zu lassen. Übertroffen ist diese Schauermär einzig von den Sagen jener Helden, die den Rücken eines Ungebändigten erstiegen, ihn reitend zu bezähmen.

Nenne es Trugbild, eine Halluzination, nenne mich verrückt. Ich spürte einen solchen Drachen jäh aus sandigem Boden brechen, die Steine lebten, tänzelten umher. Freilich war's ein sommerheißer, ungemein schwüler Tag aber mehr noch, …! Es war der Atem des Wiedererwachten, der die Luft um mich herum feuerheiß aufflirren ließ. Ich wollte mich abwenden, bis ich sie sah: Eine junge Amazone, eine Walküre, eine Hexe? Mein Verstand fand kein Wort, die Erscheinung ganz zu beschreiben. Steine brachen aus der Mauer und kollerten ihr entgegen, es dröhnte und flammte, doch von ihr kein Zögern, kein Weichen. Sanftmütig trat sie dem brüllenden Riesen entgegen, legte ihre Hand

auf seine feuerheiße Haut, nicht zitternd, nicht verbrennend. Sie streichelte den Rohen und stieg hinauf, sich mit blanken Schenkeln auf seinen Rücken zu pressen. Oh, ein Aufschrei ging da vom Drachen aus, doch kein Schmerz, keine Wut, … ein wohlig wonniges Fauchen und Schmatzen. Mir zitterten die Knie, vor Angst, vor ungläubigem Staunen, vor Lust, es der Schönen gleichzutun. Doch wie gelähmt war ich zu Boden gesunken, ein-zig die Blicke, die dem Geschehen folgten:

Fest die Schenkel an ihn gedrückt, rieb sich weiche Scham am festen Stein, sich diesem ganz öffnend, sich an ihm labend, den Drachen verzückend, selbst auch aufjauchzend, himmelhoch miteinander schwingend, im Sterben geborgen, wie-der neu zu alten Kräften findend. - Endlich war Ruhe. Der Drache war sanft, wie ein Lamm, zurück in die Erde gesunken. Nur meine Füße gewahrten noch den schwachen, immer tiefer werdenden Atem der Kreatur, die eben für ein weiteres Jahr tief im Heilschlaf versank. Und auch die Schöne, lag entkräftet und schutzlos, sich ganz dem Schutz ihres Gottes über-antwortet, nackt auf nacktem Fels. Rasch streifte ich mein Hemd über den Kopf und legte es ihr über, nahm die Zarte hoch und bettete sie in meinen Armen, sie nach Haus zu tragen. Wie die Elfenschöne nach drei Tagen und Nächten - die ich sie versorgt, ihren Körper am Leben erhaltend - die Augen aufschlug, da funkelte in ihr die Kraft jenes Drachen. Gleich wusste mein Herz, dass eine Göttin vor mir steht … und, wie sie mich küsste, da fühlte ich mich selbst als Gott! (aufgeschrieben von Carsten Kiehne)

43

Wer staunen kann, wird Wunder erleben!

Was ist deine Gabe, mit der du die Menschen, die Wesen & die Welt berührst?

Die Liebe zu den Menschen, der Natur, zu den Dingen, wobei Mensch freilich auch Natur ist. Liebe ist eine unglaubliche Kraft, die Menschen mit Schönheit beschenkt, der Schönheit, die in allem steckt, der Schönheit des Seins. Da kommt mir wieder der Spruch in den Sinn: „Wer staunen kann, wird Wunder erleben!" - durchs Staunen, können wir uns Wunder ins Leben einladen. Schon immer war ich immer so verzaubert von Kleinigkeiten, von dem Blümchen, von der Wolke und von der Rinde eines Baumes, ... wofür ich von anderen belächelt wurde.

Wann hast du den Zauber zuerst wahrgenommen? Gibt's „den" Schlüsselmoment?

Es gibt mehrere Schlüsselmomente, die mich zu dem Zauber geführt haben: Nach einem Burnout sagte mir eine Therapeutin: „Alles ist Energie" und mit diesem Satz durfte ich in einer Imagination erfahren, dass die „Dinge" alle miteinander verbunden sind. In dem Fall hing die Krankheit meines Körpers, dessen Versagen, mit einer großen seelischen Traurigkeit aufgrund des unverarbeiteten Todes meines Vaters zusammen. Zur Heilung trug die Wahl einer Aura-Soma-Flasche bei, die ich mir intuitiv auf den Hals legte. Die Energie der Farbe klärte meine Energieblockade. Ich spürte einen Kloß im Hals, sah meinen Vater vor mir stehen, stellte mir vor, dass ich ihm mitteilte, was ich immer sagen wollte, es aber nie schaffte.

Danach war der Kloß Im Hals verschwunden, ich weinte den ganzen Tag und habe in Frieden Abschied nehmen und meine Traurigkeit loslassen können. Da habe ich gemerkt, es gibt viel mehr, als das, was wir anfassen können. Ich begriff: Alles ist mit allem verwoben. –

Ein andern Mal, legte ich einer älteren Frau meine Hände auf die steifen Hände, beschenkte sie mit den liebevollsten Gedanken. – Bei einer Begegnung Wochen später sagte sie mir, es ginge ihr großartig und seit diesem Tag, brauche sie erstmalig seit langer Zeit keine Tabletten mehr. Zu begreifen, dass ich mit dem, was durch meine Hände fließt und durch die Kraft meines Herzens, helfen und heilen kann, war ein ebenso wichtiger Augenblick, ... jener Moment, in dem ich beschloss Reiki zu erlernen. Das waren nur zwei von so vielen Schlüsselmomenten!

Wie stärkst du täglich deine Gabe &, wie lebst du das Hexe-Sein im Alltag?

Hihihi ... täglich schaffe ich es nicht wirklich bewusst, obschon diese Aussage auch nicht stimmt, denn inzwischen bin ich soweit, dass ich immer authentischer mein Leben lebe, was ich als große Stärke sehe. Wenn mir zum Lachen zumute ist, lache ich, wenn ich weinen möchte, weine ich. Ich habe mittlerweile ein großes Vertrauen darin, dass alles, was mir passiert, einen tieferen Sinn hat. Ich erinnere mich fast täglich daran, mein authentisches Sein - mit dem Annehmen von allem, was ist - zu zelebrieren. Das zeigt mir immer öfter Synchronizitäten, das Zusammenspiel des großen Ganzen, mein Schöpferwesen. Wenn etwas nicht, wie bewusst gewünscht funktioniert, reflektiere ich dann, welche unbewussten Gedankenstrukturen wieder Chaos in mein Leben brachten.

Wofür ich früher noch andere für verantwortlich machte, sehe ich jetzt, dass ich es selbst in mein Leben rief. Ich kann dies ernsthaft betrachten, mir ein „erwachsen" erlauben und gleichwohl Kind sein, dass vergnügt in Pfützen springt, verspielte „Frechigkeiten" zulässt.

Ich meditiere nicht täglich, achte zum Beispiel aber sehr auf Gedankenhygiene. Wir schmieden entweder unser eigenes Glück oder laden Monster in unser Leben ein, je nachdem, womit wir uns umgeben: Das mögen Filme sein, die wir schauen, Menschen, die wir in unser Heim lassen, Gedanken, die sich aus Unachtsamkeit in unserem Kopf austoben dürfen, oder Gefühle, denen wir keinen Raum geben, die sich diesen aber nehmen, schenken wir ihnen keine Beachtung.

Wie kann ich mir das in deiner Arbeit als Glückstrainerin vorstellen?

Im Glücksunterricht an Schulen, den ich auch mit meinem Partner Carsten Kiehne gebe, erzählen wir Geschichten, lassen sie durch z.B. Reflektion, Entspannungsübungen und Spiel erleben, wozu auch Mutproben gehören. Mit den Kleineren werde ich kreativ und baue Albtraumtrolle (siehe Fotos), die nicht bloß die bösen Träume verscheuchen, sondern den Kindern als Helfer beistehen sollen, auch solche Träume bis zu ihrem märchenhaften Ende mutig zu durchleben. Jugendlichen schenken wir Männer- & Frauenzeiten, sowie Rituale zur Initiation, was auch heißen kann, dass wir die Nacht als Solo-Zeit draußen verbringen. Mit Erwachsenen besuche ich heilige Hallen in Mutter Natur, lausche den Sagen, gehe auf phantastische Reisen, auf „Wunderungen", werde kreativ und erlebe die Elemente hautnah.

Auch die Patienten aus den Fachkliniken Celenus-Teufelsbad in Blankenburg und der Paracelsus-Harz-Klinik Bad Suderode, entführen Carsten und ich …

mit unserem Achtsamkeits-Workshop „Sagenhaftes Glück" in eine Welt voller Wunder, voll von mitfühlen und lachen.

Anderen möchte ich auch dadurch, dass ich meine eigenen Emotionen lebe, zeigen, dass sie auch authentischer leben dürfen. Ich zeige Wunder, übe mich mit den Menschen im Wahrnehmen, im Entschleunigen und gehe mit ihnen an Kraftorte oder ganz geschundene Plätze in Mutter Natur, deren Energien zu erfühlen, aufzuspüren und bei Bedarf zu wandeln/zu heilen. Mit meiner „authentischen Frechigkeit", liebe ich es auch, mein Gegenüber „zu pieksen", es z.B. auf sprachliche Besonderheiten bewusst zu machen. Ich bin nicht perfekt und das zeige ich offen und ehrlich. Damit erlaube ich meinem Gegenüber ebenfalls, der zu sein, der er ist, in aller Unvollkommenheit, die es anzunehmen und liebzuhaben gilt.

Hast du ein magisches Motto &, was ist dir noch wichtig? Was willst du dem Leser sagen?

„Ich öffne mein Herz und vertraue.", ein Motto, das mir auch in herausfordernden Momenten Kraft gibt! Das bringt mich in die Mitte, in die Herzenskraft! Vertrauen darin, dass alles richtig ist. Alles hat seinen Grund. Das zu sehen, zu fühlen, zu akzeptieren, finde ich absolut beruhigend. So kann ich in manchen Situationen viel eher grinsen und mich selbst liebevoll übers Haupthaar streicheln. Nichts passiert zufällig. Es fällt zu, was fällig ist! Ich liebe es, mit meiner Liebe anzustecken und das Glück im scheinbaren Unglück zu entdecken – diese Gabe heilt mich ganzheitlich … und damit initiiere ich auch die Selbstheilung meiner Klienten!

Vielen Dank für dieses schöne Interview!

45

Sagen & Kreatives für Kinder

Als Hexe habe ich es immer in der Macht, einen Ort schöner zu verlassen, als ich ihn vorgefunden habe!

Ich kann den Müll aufsammeln und damit, zwar nicht die Welt retten, aber einen kleinen Beitrag leisten! ☺ Für diesen Zweck trage ich auf jeder Wanderung ein Müllbeutelchen bei mir. - Wunderschön ist es aber auch, aus Steinen Symbole zu legen, oder einen Baum zu ehren, indem ich einen Kreis aus Steinen oder alten Ästen um ihn herum lege. Ich beobachte dann manchmal sogar, dass ein kranker Baum durch meine Fürsorge, meine lieben Worte und meine Berührungen, die ich ihm eine ganze Weile schenke, kraftvoller und gesünder wirkt. Vielleicht hast du ja auch mal Lust das auszuprobieren? ☺

Richtig cool ist auch, Steintürme zu bauen, dass würde die Kobolde erfreuen, so dass sie dir nicht während deiner Harzwanderung den Proviant beklauen, keinen Schabernack treiben und dir kein Bein stellen! Auch Elfenhäuschen aus Stöckern, Moos und Pilzen sind nicht nur voll niedlich anzusehen, sondern sicher auch ein wundervolles Zuhause für die Wesen des Waldes.

Wenn du den Andersweltwesen einen besonderen Gefallen tun willst, dann bringe ihnen Obst & Nüsse in den Wald - sie lieben natürliche Menschenspeise! ☺

Mehr Hexenspiele findest du in unserem Kinderbuch „Die Sage vom Hexentanzplatz"!

Heilende Geschichten

Das Herz öffnen

Lies dir die nachfolgende Sage mit deinem Herzen, ganz so, als wäre sie allein für dich erzählt worden. Lass dich von diesem sagenhaften Augenblick berühren. Was will dir die Geschichte erzählen?

Die Weissagung der Priesterin

Auf Burg Hohenstein bei Ilfeld saß einmal ein mächtiger Graf, der sah sein Ende gekommen, wurde seine Herrschaft doch von allen Seiten bedroht. Selbst seine engsten Freunde, auch die eigenen Brüder, wandten sich gegen ihn, drohten gar damit, ein Heer aufzustellen und seine Burg zu berennen. In seiner Not ritt er nach einer schlaflosen Nacht nach Ilfeld zur Frauenburg. Er hörte, das wäre ein Berg, auf dessen Höhe weise Frauen von der Mutter Erde lernen. Diese Priesterinnen wüssten immer guten Rat. Langsam stieg er den Berg hinauf und sah zwischen rotem Gestein, unter einer uralten Esche, eine Priesterin sitzen. Mit nichts als einem leichten, weißen Leinengewand bekleidet, durch welches jäh ein sanfter Windhauch fuhr, erwartete sie ihn bereits. Der Graf hatte in seinem Leid keinen Blick dafür, dass die Sonnenstrahlen die schönsten Winkel ihrer Haut bemalten und der Wind ihre wunderbare Weiblichkeit liebevoll umspielte. Er hatte nur eine Frage im Kopf: Was wird werden? Die Priesterin zupfte ein Stück helles Leder aus ihrer Tasche, nahm eine Feder und schrieb die Antwort, heilige Worte mit eigenem Blute und sagte ihm, er solle sie erst lesen, gäbe es keinen Ausweg mehr.

Dieser Moment war bald gekommen. Das Heer seiner Brüder belagerte den Hohenstein, seine letzte verbliebene Feste. Wo waren die Zeiten geblieben, als er leicht hätte aus zwanzig Burgen Nachschub und Männer ordern können? Jetzt kämpften nur noch zehn Mann, die letzten Getreuen, um sein Leben zu retten. Das Vortor lag zerschossen in Trümmern, …

das zweite Tor war längst überrannt und der Burgfried in Flammen gesteckt. Er verbarg sich in einer Felsennische, vor dessen Verschlag eben sein letzter Ritter niedersank. Wenn nicht jetzt, wann wäre dann Zeit, den Satz der Priesterin zu lesen? Er zottelte das Leder hervor, löste das goldene Band und las die rote Schrift: „Alles wird sich wieder wandeln!" stand darauf. Er las es dreimal, fasste neuen Mut und beschloss: „Komme, was wolle!" und nichts geschah. Niemand fand sein Versteck und wie die Brüder sahen, was sie mit der Feste des Vaters angerichtet hatten, überkam sie große Trauer und noch viel größere Reue und bald baten sie den Grafen um Verzeihung. Nur ein Jahr später, war der Hohenstein wieder aufgebaut und die Grafschaft strahlte in noch größerer Herrlichkeit als jemals zuvor.

Da beschloss der Graf ein großes Fest zu geben, das man drei Tage und Nächte lang feiern sollte. Natürlich war auch die Priesterin geladen, die in ihrer einfachen Pracht, den Rittersaal erleuchtend, vor ihn trat und sprach: „Herr Graf, nehmt auch jetzt das Leder hervor und lest meine Botschaft!" „Warum jetzt, es ist doch alles gut geworden!", fragte der Alte verdutzt. „Eben, lest es gerade jetzt!", sagte die Weise, selig lächelnd. So folgte der Graf dem Geheiß und las: „Alles wird sich wieder wandeln!" – Jetzt erst verstand er, mit Tränen in den Augen, dass nichts ewig währen würde. Es galt also den Moment zu feiern und für jeden Tag zu danken. Da erhob sich der Graf von seinem hohen Stuhl, kniete vor der Priesterin, die doch eine einfache Frau war, nieder und küsste ihre Füße …! Ich hörte, der Graf lebte glücklich und zufrieden bis ans Ende seiner Tage!
(aufgeschrieben von Carsten Kiehne nach einer alten Heilslegende)

Danken heilt

Mein Meditationslehrer sagte einst: Dankbarkeit ist das Allheilmittel gegen Ärger, Angst & Sorgen. Übst du das täglich 12 Minuten lang, steigert sich deine Lebensqualität immens! Meister Eckhart meinte sogar: „Wäre das Wort ›Danke‹ das *einzige Gebet*, das du je sprichst, so würde es genügen."

Carsten Kiehne   carsten.kiehne@gmx.net - 0160/99557252   www.sagenhafter-harz.com

Goldmaria
Ihre Märchenerzählerin

mit ihrer Kraft besser gesagt. Genau, und so nebenbei springt aus ihr ein Stern nach dem anderen [... lacht ...] aus der Weltallkapuze ... ja, das glitzert, toll, oder!? Sie hat, wie alle Hexen, einen tierischen Begleiter. Diese Ebene zwischen Mensch, Tier, Pflanze, die ist in der Hexe einfach verwoben. Ansonsten steckt in dem Bild freilich ein weiter Interpreta-tionsspielraum.

Erzähle uns doch bitte etwas zu dem Cover-Bild dieser Zeitung und, was du mit dem Hexe-Sein verbindest?

Mit dem Hexesein verbinde ich, in Balance zu sein und die Welt wieder in Balance zu bringen. Symbolisiert wird das in dem Bild von der Hexe, die die Kraft von der Sonne aufnimmt, wie sie in der Energie des Mondes tanzt und das Ganze durch sich hindurch, durch ihren Körper, durch ihr Herz in ihrer Leidenschaft, wieder in Berührung mit der Welt bringt. Im Bild darin ausge-drückt, das sie die Welt berührt, dass sie aus dem, was in der Welt schief läuft, aus Streit, Beziehungslosigkeit, aus Wunden, wenn sie damit in Berührung geht, dies mit ihren Gefühlen transformiert, werden die Wunden zu Wunder und können wieder heilen.

Sie selber trägt ein Kleid aus blauen Flammen, was Transformationsflammen sind, Initiations- & Einwei-hungsflammen, das heißt, sie selbst ist stets verbunden mit dieser Energie und weiß um die diesweltige Erscheinung und um die Anderswelt, die Bedeutungs-ebene dahinter. Dann trägt sie einen transparenten Mantel, was ich moderner finde als einen schwarzen Mantel, denn es geht ja heute nicht mehr darum, sich zu verbergen und zu verstecken, sondern sich trans-parent zu machen, zu zeigen, mit seinen Gefühlen, mit allem was da ist, mit seinen Ideen, mit seiner Kraft oder,

Was hat das Bild mit dir zu tun?

Oh, ich fühle mich ganz oft als Vermittlerin. Für mich ist es auf jeden Fall eine Herausforderung, mit diesen Kräften zu tanzen. Also, mich nicht von der Sonne wegbruzzeln zu lassen und mich nicht in der Melancholie des Mondes zu ertränken, sondern mit diesen Dingen zu spielen und sie genau dann, an dem Punkt einzusetzen, wo sie bei meinem Gegenüber gebraucht werden. Da Kraft zu geben, wo gerade Schwäche ist, da Schwach- oder Sanftheit hinein-zugeben, wo etwas überschießt.

Und die Hexe auf dem Bild ist ja schon ganz schön leichtfüßig unterwegs. Begegnest du leichtfüßig jeder Situation?

Ähm ... nö ... [lacht] ... nicht in Jeder!

[Lacht] welche Situationen stellen dich als Hexe vor Herausforderungen. Was sind deine Hexenprojekte, wo bist du dran?

Ich merke, dass ich leichtfüßig tanze beim Tanzen, wenn die Musik mein Herz durchströmt, wenn ich frei tanzen kann. Dann kann ich diese Kräfte balancieren ... und ich spüre diese Energie beim Erzählen, beim Märchenerzählen, beim Berühren mit den Worten ..., mit den Pausen, mit der Stille!

Carsten Kiehne   carsten.kiehne@gmx.net - 0160/99557252   www.sagenhafter-harz.com

Ich liebe deine Art zu erzählen! ... Auf das Bild zurück zu kommen: Da oben auf deinem Hut sitzt ein Vögelchen, dein tierischer Begleiter. Es scheint dich in der Waage zu halten. Wer sind deine Helfer in diesem Leben?

Jetzt wird mir erst bewusst, weshalb die Hexen einen Hut tragen! Doch sicher nur, damit sie nicht so viel Vogelscheiße abbekommen.

Klar, einleuchtend ... [lacht] ... und wofür war der Besen gleich da? Um den Mist wieder wegzumachen?

[Lacht] ... um die Raben zu verscheuchen.

Oder den Magier bzw. den Teufel zu verprügeln?

Hm, gemeine Fragen, alles ohne Vorbereitungszeit.

Wir brauchen doch keine Vorbereitungszeit! [lacht] Also, wer sind deine Helfer?

Das ist gar nicht so leicht zu beantworten. Ich würde mal sagen, einer meiner größten Helfer war vor vier Wochen eine fette Zahn-OP, als mir drei Weisheitszähne gezogen worden und ich mehr als fünf Tage lag und sich damit aus mir heraus Körpererinnerungen gelöst haben und ich so Geschichten von mir, aus mir erfahren konnte, die soweit vergraben lagen, dass ich nicht mehr an sie heran kam.

Wie hast du es gelöst & wandeln können?

Mit Tanz und Musik, mit trommeln, sprechen und erzählen, mit Rollenspielen.

Das alles hast du gemacht? Wow, du bist 'ne ganz schöne Hexe!

Ich hab' auch einfach nur dagelegen und geheult ... und dann habe ich mir über die Wange gestreichelt ... und dann habe ich eine Freundin angerufen. Das ist eines meiner Vögelchen: Gute Freunde, gute Gemeinschaften! ... und die hat mir eine Suppe vorbeigebracht und die konnte ich schlürfen – eine Wonne nach zwei Tagen fasten. ... [Beide lachen]

Es ist also auch eine Zauberkraft viel zu lachen &sich über kleine Dinge zu freuen!?

Auf jeden Fall! Sich über kleine Dinge freuen und die ganzen fetten Stolpersteine im großen Ganzen zu sehen ..., dass sie Entwicklungshelfer sind!

Gibt's noch etwas , das du den Lesern mitgeben möchtest? Etwas, das dir immer Kraft gibt einen magischen Satz, oder ...?

... Chaka ... [lacht] ... wir schaffen das!

Auch mit dieser Geste von Angela Merkel?

Ne! ... [Beide lachen] ... Ist das eine alte oder eine neue Hexe? ... Mmh, was würde ich Jemandem mitgeben, der auch auf dem Weg ist? Ein gutes Märchenbuch!

Danke für dieses wundervolle Interview!

Die Katzen von Clausthal

Auch aus Clausthal ziehen die Hexen am Wolpersabend, der allseits berüchtigten, Verderben bringenden Nacht, als Katzen verzaubert zum Brocken. Einmal kamen zwei Frauen, eine junge und eine alte, am Walpurgisabend erst viel spät nach Hause. Beide trugen schwere Kiepen, die sie, weil die Schultern entsetzlich schmerzten, an einem Kreuzweg zu Boden setzten, um kurz zu verschnaufen. Plötzlich fauchte es hier und da, und aus allen Gebüschen um sie herum, sprangen schwarze Katzen auf sie zu. Einen immer enger werdenden Kreis um die Menschen bildend, diese mit funkelnden Augen fixierend, sich ihre Schnauzen leckend, drohte den Menschen das Schlimmste, worauf die Junge Schutz bei der Alten suchte, welche die Katzen offen ansprach: „Waidmannsheil, wohin des Weges?" – „Waidmannsdank – miau – das weißt du wohl, Menschenfrau!", mauzte eine Katze und setzte hinzu: „Kommst du nach Clausthal rein, schau nach Frau Steiger fein und sage ihr, sie möge den Tanz nicht versäumen – miau!" Sonst taten die Katzen nichts, sprangen an den Frauen vorbei und waren schon in der Dunkelheit untergegangen.

Die Junge wagte sich nicht mehr zu sprechen, gewahrte nur, wie die Alte später wirklich am Haus der Frau Steiger innehielt, zaghaft ans Fenster klopfte und flüsterte: „Frau Steiger, die anderen mahnen, bloß den Tanz nicht zu versäumen!" Da schwang die Türe auf, worauf eine fette schwarze Katze aus der Hütte sprang und gen Brocken eilte. Mit großen Augen sah die junge Frau der Katze nach und bemerkte dann, wie die Alte sie starr fixierte. Es war ein Blick der wohl verhieß: „Behalt's für dich, sonst geht's dir mies!" und ohne ein weiteres Wort zu sagen, nickte die Alte, was die Junge zaghaft er-widerte, und verschwand in der nächsten dunklen Gasse. Auf dem kürzesten Wege hastete das Mädchen zum Ortsvorsteher und zeigte die Geschichte an, worauf man am Morgen die Katze, als sie nichtsahnend vom Blocksberg nach Hause kam, am Schopf ergriff, sie zum Gotteshaus schleppte, sie beim Glockengeläut vom Kirchturm zu schmeißen. Wie erschraken aber die Clausthaler, als die Katze unten - anstatt auf dem Stein zu zerschellen und in einer blutigen Lache zum Teufel zu gehen – auf ihren Pfoten landete und munter fortsprang. „Da, der Beweis, sieben Leben hat sie vom Teufel gekriegt!"

Seit jenem Tage hatten die Clausthaler eine höllische Angst vor schwarzen Katzen und wahrlich gab die Katze – vorm Haus der Frau Steiger auf der Lauer liegend und einen Jeden der Beteiligten anfauchend – auch wirklich Anlass dazu. Die junge Frau litt drei Nächte träumend, von einer Wildkatze heimgesucht, angefallen und leergesogen zu werden. Wahrlich war sie am dritten Tage nur ein Schatten ihrer selbst, so dass sie ahnte, elendiglich zu Grunde gehen zu müssen, würde sie nicht gleich ihre Schuld sühnen gehen. Da nahm sie sich ein Herz, schritt zum Haus der Frau Steiger, die dort thronende Katze um Verzeihung zu bitten und ihr ein Schälchen Milch zu reichen. Funkelnd sah die Katze dem Mädchen ins Herz, trank dann aber genüsslich und schnurrte am Ende so sanftmütig, dass von der Frau alle Last abfiel. Später sagte man in Clausthal, dass auch sie mit den Katzen zu sprechen gelernt habe. Wer sie fragte, ob sie denn keine Angst vor den Biestern habe oder nicht wisse, dass der Umgang mit den Hexentieren Unglück bringe, der hörte: „Ob eine schwarze Katze Unglück bringt oder nicht, hängt davon ab, ob man ein Mensch ist oder eine Maus!"

(aufgeschrieben von Carsten Kiehne in unserem Hexenbuch, das voraussichtlich zu Walpurgis 2021 erscheint)

Was ist deine Gabe, mit der du die Menschen, die Wesen & die Welt berührst?

Ich liebe Tiere, schon immer. Ich kann fühlen, wie es ihnen geht und betrachte es als meine Lebensaufgabe, Botschafter für die Tiere zu sein.

Wann hast du den Zauber zuerst wahrgenommen? Gibt's „den" Schlüsselmoment?

Meine Eltern wunderten sich frühzeitig über meine große Affinität zu Tieren. Ich erinnere mich an einen Moment, ich muss so sechs Jahre alt gewesen sein, wir waren nach Leipzig gezogen & ich hatte mich mit einem Mädchen aus unserer Straße angefreundet, deren Eltern Pferde hatten. Sie standen im Stall, waren riesengroß & ich hätte endlos bei ihnen stehen können, unheimlich fasziniert, von diesen mysteriösen, starken, wunderschönen Geschöpfen.

Wie stärkst du täglich deine Gabe?

Wir leben mit vielen Tieren im Tierhaus. Ich höre nicht auf zu lernen, von den Tieren & über sie. Gute & beeindruckende Erfahrungen habe ich auch mit Reiki und Tierkommunikation gemacht.

Wie lebst du dein Hexendasein im Alltag - für dich & für dein Umfeld?

Ich sehe mich in dem was ich tue & wie ich lebe, nicht als Hexe. Ich würde es auch nicht Gabe nennen, denn alles, was ich weiß & kann, ist erlernt & erarbeitet. Ich habe schon als Kind davon geträumt, mit Tieren zu leben & nun lebe ich meinen Traum - mit allen Konsequenzen, denn viele Tiere zu haben, kostet Kraft, Zeit und Geld.

Ist das dein Haupt- oder Nebenberuf?

Ich habe 20 Jahre als heilpädagogische Reittherapeutin an einer Freien Schule gearbeitet. In diesem Monat habe ich mich selbständig gemacht. Ich biete Reittherapie, Coaching mit Pferden (die Methode der lösungsorientierten Kurzzeittherapie bei schwierigen Lebensumständen unter Einbeziehung der Pferde),

pädagogische und therapeutische Mensch- und Tierbegegnung, Tierbesuchsdienst für Seniorengruppen, sowie Tier-, Anschaffungs-, Haltungs- und Verhaltensberatung, sowie Reikibehandlungen für Tiere an.

Hast du ein magisches Motto, das dir über Hürden hilft?

Ich schaffe das. Alles wird gut!

Was ist dir noch wichtig? Was willst du dem Leser sagen?

Ich finde es wichtig, dass sich jeder, der ein Tier anschaffen möchte, über die Bedürfnisse dieses Tieres informiert und überlegt, ob er diese erfüllen kann. Außerdem sollte man sich schlau machen, wie lange dieses Tier lebt und überlegen, ob man für diese Zeit für das Tier da sein kann. Sein Tier weitergeben, wenn sich die Umstände ändern, finde ich unfair, dem Tier gegenüber, es sei denn, das Leben des Tieres verbessert sich dadurch. Danke, dass hier so sagen zu dürfen!

51

Hildegard Kiehne, Stecklenberger Straße 1, 06502 Thale OT Neinstedt, Fon: 0151-75022147

Fazit: Hexenkraft erkennen & fördern

Wow, ein spannendes Thema!!!

Seit Jahren beschäftige ich mich mit den Sagen des Harzes und über Hexen wird wahrlich viel erzählt. Das dieses Thema aber so weitreichend und fesselnd ist, habe ich nicht geahnt. Mir schmerzt mich fast immer, wenn ich von der Vielfalt etwas weglassen muss, damit es die geplante Seitenzahl unseres Magazin nicht sprengt. Aus 44 Seiten sind dennoch 56 geworden, obschon wir bestimmte Sachverhalte nur in aller Kürze – wir hoffen dennoch, mit dem nötigen Respekt – behandelten! Aufgrund der Fülle des Materials an Hexensagen, dem Hexenwirken und detaillierten Ideen, wie Hexen ihre Gaben stärkten, haben wir entschieden, zu Walpurgis 2021 ein umfassendes Buch zum Thema „Hexen-damals & heute" herauszugeben, sei gespannt!

Die meisten der interviewten Frauen – ganz gleich, ob wir sie jetzt Hexen, Heilerinnen oder weise Priesterinnen nennen – hatten einen Schlüssel-moment, eine alles verändernde Erfahrung. Dieser kleine Erleuchtungsmoment ließ sie fühlen, dass alles Energie ist, selbst unsere Gedanken und Gefühle und, dass alles mit allem verwoben ist.

Ich hatte einige solcher Erfahrungen, die sich tief in meinem Herzen verwurzelten. Manche Monate gingen fast spurlos an mir vorüber, aber nicht solche Momente. Sie haben sich zu fest in meine Seele eingebrannt und ließen mein altes Weltbild wanken. Die dicken Mauern, die ich aus Angst verletzt zu werden, um mein Herz herum gebaut hatte, begannen zu bröckeln.

In mir keimte ein sich Wieder-Erinnern und damit verbunden eine tiefe Sehnsucht. Vieles von dem, was mir früher Freude bereitete, schien nun leer und sinnlos zu sein: Wer interessiert sich für glücksverheißenden Konsum, wenn er göttliches Glück mit allen Sinnen einmal schmeckte? Ich fühlte mich die ersten Male in meinem Leben wirklich bedingungslos geliebt, wirklich verbunden, wirklich als Teil des Ganzen!

Das Geschenk der Allverbundenheit gibt's anfangs gratis, doch am Ende kam es mich teuer zu stehen, begriff ich doch meine Verantwortung in und an diesem göttlichen Spiel. Die Schuld für mein verkorkstes Dasein, für meine Lebensumstände, für mein Nicht-handeln, auf meine Eltern, meinen Partner, den Chef oder mein Gegenüber abzuwälzen, das ging nicht mehr. Klar, darf ich neidisch, ärgerlich, ängstlich und sorgenbehaftet sein, doch alles und jeder hielt und hält mir einen Spiegel vor und irgendwoher, aus himm-lischen Sphären, höre ich's lachen: „Nänänänänä, wir haben dir dein Ziel gezeigt, nun spüre einmal wo du stehst, du hast es noch nicht ganz vergeigt, entscheide heut, wohin du gehst!"

Ich möchte mich täglich an mein Ziel erinnern und dann ganz bewusst das Hier & Heute leben, meine Gaben stärken, mein Herz öffnen und mich verzaubern lassen. Das ist weit leichter gesagt, als getan, denn nicht Jedem und nicht jeder hier Interviewten ist alles zugefallen. Vieles muss (durch Tränen bitter) erlernt, hat erarbeitet und mit dem modernen Zauberspruch ...

Carsten Kiehne   carsten.kiehne@gmx.net - 0160/99557252   www.sagenhafter-harz.com

(Affirmation) „Ich schaffe das!" bekräftigt werden. Um das Bewusstsein zu schulen, lesen und reflektieren wir uns. Wir achten auf unsere Gedanken und Gefühle, meditieren und schulen unsere Konzentration. Auf unsere Seelenhygiene achten wir am besten in der freien Natur. Von der Welt lassen wir uns berühren & berühren sie durch unser Sein & Wirken, durchs bewusste Atmen, durch Tanz, durch Gemeinschaft. In Mutter Natur können wir uns am ehesten verwurzeln & mit dem Kronenchakra dem Lichte zu wachsen, hier finden wir ganz natürlich Heilung, Glück & Kraft.

Nur ein gesunder Platz kann heilen und nur, wenn es mir gut geht, kann Heilung von mir ausgehen. Wieder wird mir also meine Verantwortung bewusst: Ich möchte mich selber heilen, im Vertrauen darauf, dass alles seine Zeit hat, nichts umsonst passiert, alles für etwas gut ist und sich am Ende zum Guten wenden wird. Ich ehre die Natur, angefangen damit, dass ich Müll aufsammle. Ich pilgere mich leer und lasse mich verzaubern, kann wieder staunen wie ein Kind und erlebe deshalb Wunder. Wunder, die Wunden lindern, einfach dadurch, dass ich mich berühren lasse, dass ich spüre, was sich in mir und durch mich ausdrücken möchte. Dann lache ich, tanze wild oder weine. Dann erschaffe ich Schönheit um mich herum, Steinkreise, Haine, Blumenwiesen.

Die Natur und ihre Wesen achten die „Hexen" auch dadurch, dass sie immer wieder Innehalten und die Gemeinschaft dazu einladen, die Hohen Feste zu feiern und sich ganz bewusst mit den energetischen Qualitäten von Abschied und Neubeginn, von Säen und Ernten, von Wünschen und Danken anzubinden. Solch eine tiefe Spiritualität eint uns alle, ganz gleich welchen Glauben wir haben. Viele der hier interviewten, faszinierenden & bewundernswerten Frauen, glauben an die bedingungslose Liebe und daran, dass das Göttliche in uns allen wohnt. Solch ein Hexesein, meine ich, hat die Welt gerade ganz dringend nötig!

Harz'liche Grüße, dein Sagen- & Märchenerzähler
Carsten Kiehne

Die 13 Hexenregeln

14. Tue was du willst, wenn's Keinem schadet
15. Sei immer ehrlich, auch zu dir selbst
16. Beherrsche deine Hexenkunst
17. Lerne dein Leben lang & sei neugierig auf Neues
18. Verwende dein Wissen weise
19. Finde deine innere Mitte & lebe dies Gleichgewicht
20. Achte die Kraft der Worte – unterschätze sie nie
21. Lerne Konzentration
22. Lerne Kontemplation – Meditiere!
23. Achte auf deine Gesundheit
24. Akzeptiere deine Umwelt
25. Ehre die Kraft der Natur
26. Und lebe mit ihr im Einklang!

53

In diesem Sinne, liebe Leserin & lieber Leser, schaue dir auch gerne das tiefweise und wunderschöne Hexen-Credo an. (www.buchderschatten.wordpress.com/das-hexen-credo/)

Aus Bedenken, wir könnten das Urheberrecht verletzen, sei es hier nicht abgedruckt, sondern nur darauf hingewiesen. Schließlich wollen wir nicht Gefahr laufen, uns mit einer Hexe anzulegen! ☺

Sponsoring

Sponsoren gesucht

+ DIE SAGE VOM HEXENTANZPLATZ +

Endlich sind wir dabei unser Kinderbuch (Altersgruppe 2.- 4. Klasse) wieder neu aufzulegen – wurde auch Zeit. ☺ INHALTLICH wird die Sage von Watelinde vom Hexentanzplatz dargestellt. Schwarzweißbilder laden zum Ausmalen, Knobelaufgaben & Rätsel zum tieferen Auseinandersetzen mit der Sage ein. Auch die Kreativität kommt nicht zu kurz, wenn es heißt mit der Bauanleitung, sich einen eigenen Hexenbesen zu konstruieren. Durch Zaubersprüchen (positive Affirmationen) wird das Kind z.B. mutiger, lernt verschiedene Kräuter, Gruppenspiele uvm. kennen!

Wer das lokale Werk ab 40,-€ unterstützt, wird namentlich im Buch erwähnt, bekommt ein signiertes Exemplar zugeschickt & hilft, den Kindern unsere Heimatgeschichte näher zu bringen! ☺ Das Buch wird später als Softcover-Variante mit dem Preis von 9,50- € in jedem Buchladen und im Internet erhältlich sein!

Danke für dein Interesse. Schreib einfach eine Mail, Betreff Buchsponsoring an carsten.kiehne@gmx.net

Harz'liche Grüße & lieben Dank, dein Carsten

Mondschwestern – ein Workshop für spirituell interessierte Frauen von unserer Glückstrainerin (Interview auf Seite 42)

Unsere Veröffentlichungen

Beiträge für Heimatkunde

- Sagen & Märchen von Bad Suderode
- Sagen & Mythen von Thale
- Die schönsten Quedlinburger Sagen
- Bad Suderöder Anekdoten
- Sagenhaftes Halberstadt
- Gernröder Sagen
- Sagen von Ballenstedt & dem Selketal
- Quedlinburger Anekdoten
- Sagenhaftes Blankenburg

Sagen für Kinder

- Die Sage der Rosstrappe
- Die Sage vom Hexentanzplatz
- Die Unsichtbaren Helfer von Quedlinburg

Diverse Sagensammlungen

- Bekannteste Sagen aus dem Ostharz (2016)
- Sagenhafter Südwestharz (2017)
- Sagenhafter Brocken (2017)
- Kräutersagen aus dem Harz (2018)
- Sagenhafte Sagensammler (2018)
- Sagenhafter Nordharz (2019)
- Sagenhafter Südharz (2019)
- Sagenhaftes Glück (2020)
- Bäume – heilig & heilsam (2020)

Unser Magazin, „Sagen & Märchen als Weggefährten"

Viermal im Jahr bringt „Sagenhafter Harz" ein eigenes Magazin heraus. Die Sponsoren & all jene, die in unserem Mailverteiler sind, bekommen es als PDF kostenlos per Mail zugesandt. Das ist unser Geschenk für Harz- & Heimat-liebende! ☺

Natürlich könnt ihr die letzten Ausgaben auch in Papierausgabe käuflich erwerben. Damit macht ihr nicht nur euch ein Geschenk, sondern auch uns, ist es doch immer schön, wenn sich Mühe lohnt! Die Einnahmen kommen übrigens der Erweiterung unseres Archives zugute, so dass wir euch noch lange mit „ausgebuddelten" Sagen erfreuen können.

Sagenhaftes Harz

in der Villa Lichtgrotte

Friedegerns Ferienwohnungen in Schierke
www.hochharz-schierke.de

*D*u schätzt unseren Wahnsinn & willst „Sagenhafter Harz" unterstützen? ☺

Dann empfiehl uns gerne weiter, beteilige dich an einem Buchsponsoring & kaufe gern eines unserer Bücher. Damit hilfst du, unsere Heimatgeschichte lebendig zu erhalten. Soll deine Firma hier an dieser Stelle beworben werden? Schreib an:

carsten.kiehne@gmx.net

Mitte Dezember erscheint die Winter-Ausgabe „Bergbau & Tradition" in den Sagen & Märchen!

Pssst, Nicht weitersagen: Dies ist ein kleines Gewinnspiel am Rande! ☺ Die ersten 10 von euch, die diese kleine Hexe noch weitere 10 mal in dieser Zeitung finden & uns eine Mail schreiben, auf welchen Seiten sie gefunden wurden, bekommen eine kleine Überraschung! Hihi, mal gucken, wer unsere Zeitung bis zum Ende liest & das hier entdeckt! ☺